西安邮电大学学术出版基金资助

思想政治教育载体
有效运用的
困境及其消解

DILEMMA AND ELIMINATE CONTENTION
IN THE EFFECTIVE USE OF
**THE IDEOLOGICAL
AND POLITICAL EDUCATION CARRIER**

张园园　著

社会科学文献出版社
SOCIAL SCIENCES ACADEMIC PRESS (CHINA)

序 言

古人云："工欲善其事，必先利其器。"思想政治教育载体是开展思想政治教育工作的重要"器"之一，它是沟通思想政治教育者和受教育者的主要媒介和桥梁。在我国，运用课堂教学、书籍、谈话、活动等传统思想政治教育载体开展思想政治教育工作的历史悠久。改革开放以后，随着科技的发展和社会的转型，传统思想政治教育载体不断被赋予新的时代意蕴并以新的形式呈现出来，同时以网络为代表的新兴思想政治教育载体亦不断涌现。新旧载体并存的格局，给思想政治教育载体的运用带来了巨大的挑战。本书主要基于"有效运用"视角，展开针对思想政治教育载体运用的专项研究，以期不断完善思想政治教育载体理论，并为开展思想政治教育工作提供经验借鉴。概括起来，本书主要有以下特点。

一是立足"有效运用"视角，从宏观上就思想政治教育载体的运用展开专门研究。以往学界有关思想政治教育载体运用的研究，主要围绕单个载体展开。本书立足"有效运用"视角，着眼于从宏观上探寻思想政治教育载体有效运用的困境及消解策略。

二是坚持历史研究法，分析梳理我国思想政治教育载体的嬗变形态和运用的历史。从思想政治教育载体发展的角度，将我国当前正在使用的思想政治教育载体概括为两大类，即富有时代意蕴的传统思想政治教育载体和新兴思想政治教育载体。同时坚持历史研究法，梳理我国思想政治教育载体运用的轨迹，并从中获取经验教训。

三是坚持思想政治教育与传播学相结合，研究思想政治教育载体运用的困境及消解的策略。大众传播学将信息传播过程简单地描述为信源→信道→信宿。从机制上看，思想政治教育载体的运用过程类似于大众传播学中的信息传播过程，"信源"即思想政治教育者和相关教育机构，"信宿"即受教育者，而"信道"则是思想政治教育载体。本书关于思想政治教育载体有效运用的研究，坚持以大众传播理论为指导，寻求畅通"信道"（即载体）的对策。

四是以系统论为指导，探索思想政治教育载体有效运用的宏观战略，即思想政治教育载体的整合运用。思想政治教育载体的种类多样，单个思想政治教育载体的育人效果较为薄弱。本书坚持以系统为指导，提出思想政治教育载体的整合运用的宏观运用战略，有益于实现思想政治教育载体育人效果的合力化。

思想政治教育载体作为思想政治教育系统中的一个重要因素，它的运用状况直接影响到思想政治教育的成效。关于思想政治教育载体运用问题的研究，是一个可以无限深化的过程。同其他科学活动一样，思想政治教育载体的运用亦需遵循一定的规律。受自身学术水平的限制，本书并未对这一问题展开专门的研究，在今后的工作学习中笔者将尽力弥补这一不足。

张园园
2015 年 7 月

第一章 思想政治教育载体及其有效运用的内涵 / 1
 第一节 思想政治教育载体的内涵 / 1
 第二节 思想政治教育载体有效运用的内涵与特点 / 11
 第三节 思想政治教育载体运用"有效"的生成与评价 / 15

第二章 思想政治教育载体的嬗变形态 / 22
 第一节 富有时代意蕴的传统思想政治教育载体 / 23
 第二节 新兴思想政治教育载体 / 42

第三章 中国思想政治教育载体运用的历史与现状 / 61
 第一节 思想政治教育载体运用的历史考察 / 61
 第二节 思想政治教育载体运用的成就 / 74
 第三节 思想政治教育载体运用的不足 / 78

第四章 思想政治教育载体有效运用的影响因素 / 83
 第一节 思想政治教育主体因素 / 83
 第二节 思想政治教育内容因素 / 91
 第三节 思想政治教育环境因素 / 96

第四节　科技发展因素 / 102

第五章　思想政治教育载体有效运用的主要困境 / 106

第一节　载体的运用尚未形成整体合力 / 106

第二节　载体形式与承载内容的匹配误区 / 108

第三节　思想政治教育载体承载内容的注入困难 / 111

第四节　部分教育者媒介素养的缺失 / 113

第五节　受教育者主体地位的弱化 / 116

第六章　思想政治教育载体有效运用的原则和机制 / 120

第一节　思想政治教育载体有效运用的原则 / 120

第二节　思想政治教育载体有效运用的机制 / 129

第七章　思想政治教育载体有效运用的具体对策 / 134

第一节　提升思想政治教育者的综合素养 / 134

第二节　夯实受教育者的主体性 / 140

第三节　更新思想政治教育载体的承载内容 / 145

第四节　优化思想政治教育载体的运行环境 / 154

第八章　思想政治教育载体有效运用的宏观

战略——整合运用 / 162

第一节　整合与思想政治教育载体整合运用的释义 / 162

第二节　思想政治教育载体整合运用问题的生成 / 166

第三节　思想政治教育载体整合运用的基本原则与方法 / 173

第四节　思想政治教育载体整合运用的理路 / 179

第五节　思想政治教育载体整合运用的范例——课程载体与

网络载体的互补运用 / 186

第九章　国外思想政治教育载体运用经验的借鉴 / 194

　　第一节　国外思想政治教育载体的形式和特点 / 194

　　第二节　国外思想政治教育载体运用的基本经验 / 202

　　第三节　国外思想政治教育载体运用经验的启示 / 206

结束语 / 212

参考文献 / 214

后　记 / 225

CONTENTS

Chapter One   The connotation of the in ideological and political education carrier and its effective use / 1

    Section One   The connotation of the ideological and political education carrier / 1

    Section Two   Connotation and characteristics of ideological and political education carrier effective use / 11

    Section Three   The generation and evaluation ideological and political education carrier effective use / 15

Chapter Two   The change form of the ideological and political education carrier / 22

    Section One   The traditional ideological and political education carrier in rich of era implication / 23

    Section Two   New carrier of ideological and political education / 42

Chapter Three   The history and present situation in the use of ideological and political education carrier in china / 61

    Section One   The history in the use of ideological and political education carrier / 61

Section Two　The achievements in the use of Ideological and political education carrier / 74

Section Three　The lack in the use of ideological and political education carrier / 78

Chapter Four　The influence factors in the use of ideological and political education carrier / 83

Section One　The ideological and political education main body factor / 83

Section Two　The ideological and political education content factors / 91

Section Three　The ideological and political education environment factors / 96

Section Four　The development of science and technology factors / 102

Chapter Five　The main trouble in the use of ideological and political education carrier / 106

Section One　The lack of overall force in the using of ideological and political education carrier / 106

Section Two　The matching error of carrier form and loading content / 108

Section Three　The difficult of injection content to Ideological and political education carrier / 111

Section Four　The lack of media literacy for part of the ideological and political educators / 113

Section Five　The weakening of principal position for educates / 116

Chapter Six　The principles and mechanisms in the effective use of ideological and political education carrier / 120

Section One　The principles in the effective use of ideological and political education carrier / 120

Section Two　　The mechanisms in the effective use of ideological and political education carrier / 129

Chapter Seven　　The specific countermeasures in the effective use of ideological and political education carrier / 134

Section One　　The ascension of literacy for Ideological and political educators / 134

Section Two　　The subject status of compaction for educates / 140

Section Three　　The renewal of ideological and political education carrier bearing content / 145

Section Four　　The optimizing of use environment for ideological and political education carrier / 154

Chapter Eight　　The macro strategy in the effective use of ideological and political education carrier / 162

Section One　　The integration and connotation of Ideological and political education carrier integration application / 162

Section Two　　The generation of ideological and political education carrier integration application / 166

Section Three　　The principle and method of ideological and political education carrier integration using / 173

Section Four　　The line of ideological and political education carrier integration using / 179

Section Five　　The example of ideological and political education carrier integration using / 186

Chapter Nine　　The experience for reference in the use of ideological and political education carrier abroad / 194

Section One　　The forms and features of foreign ideological and political education carrier / 194

Section Two　　The basic experience in the using of ideological and political education carrier abroad / 202

Section Three　　The enlightenment of in the using of ideological and political education carrier abroad / 206

The conclusion / 212

The reference / 214

The postscript note / 225

第一章

思想政治教育载体及其有效运用的内涵

思想政治教育载体是沟通思想政治教育者和受教育者的媒介和桥梁。思想政治教育目标和任务的实现都需要借助一定的载体才能进行。科学准确地界定思想政治教育载体的概念，把握思想政治教育载体的内涵、特征与功能，厘清思想政治教育载体与其他思想政治教育要素的区别，同时界定思想政治教育载体有效运用的内涵与评价标准，是运用好思想政治教育载体的基本前提。

第一节 思想政治教育载体的内涵

一 载体概念的认知与界定

要把握思想政治教育载体的内涵，首先要对载体概念做出基本的认知与界定。"载体"原本是一个化学术语。针对载体的概念，《辞海》从化学角度做出了四种释义：一是使催化剂附着于物体表面的多孔物体；二是在催化过程中起到中间物的物体；三是指在某种化学处理中生成沉淀的加入物；四是在放射性同位素操作过程中加入的稳定同位素。[1] 此

---

[1] 《辞海》（缩印本），上海辞书出版社，1980，第1822页。

外,《现代汉语词典》也对载体的概念进行了初步的界定:一是指能承载其他物质或传递能量的物质,如工业上传递热能的介质就是载体;二是指能承载信息或知识的物质,譬如文字就是承载信息的载体。[①] 综合以上描述,载体可以被界定为能够运载物质、知识或信息的物质形体,是能够承载他物并进行运动的事物。我们可以对载体概念的基本规定作如下三点概括。

第一,载体是一种功能性范畴。

载体是一种功能性范畴,这种功能主要表现为载体能够承载他物进行运动。某种事物能不能称为载体,是由该事物是否具有承载他物进行运动的功能规定的,至于它们的个体之间在外部形态、内部结构和运动形式等方面有多大差别则是次要的或无所谓的。反过来讲,所有正在发挥承载他物进行运动的功能性事物,都可以称为载体,不论它们的个体之间在外部形态、内部结构和运动形式等方面有多大不同。进一步讲,一事物的外部形态、内部结构和运动形式等方面无论发生多么大的变化,只要该事物尚能承载他物进行运动,它仍可被称为载体;如果某事物的外部形态、内部结构和运动形式等变化到了使其丧失承载他物进行运动功能的程度,该事物就不再被称为载体,因为该事物已不具有作为载体的本质属性,已经不是原来的那个作为载体的事物了。当然,我们说某类事物能否被称为载体,其个体之间的外部形态、内部结构和运动形式等方面是次要的或无所谓的,是相对于载体的类属性的决定性意义而言的,是以此事物是否具有承载其他事物进行运动的功能作为前提条件的。

第二,载体是一个对象性的概念。

如果没有需要承载的事物,也就不会有载体。可见,载体是相对于它需要承载的物而言的。一事物以载体的面貌进入人们的视野时,它的

---

① 《现代汉语词典》,商务印书馆,1996,第1568页。

承载物一定也同时进入人们的行为实践中。当然，这里的"物"并不仅指有形物体，而是泛指一切事物。很难想象，有一种被称为载体却没有承载物的事物。一事物被称为载体是由该事物具有载体的本质属性决定的，而这种"本质属性"首先取决于该事物自身所固有的承载他物进行运动的功能。而这种功能本身就已蕴含了与他物的对象性联系，因为没有"承载他物"，也就不存在载体功能。所以，如同事物的其他属性一样，事物的载体属性也是在与他物关系中呈现出来的。正如马克思所说："既然一物的属性不是由该物同他物的关系产生，而只是在这种关系中表现出来……"① 虽然承载其他事物进行运动的功能是载体应该固有的，但一事物具有此功能还只能说是潜在形态的载体，这种潜在形态的载体只有在与承载的物发生关系时才能表现出来。当然，要指出的是强调载体是一对象性事物的意义在于，承载他"物"的形式是划分载体种类的客观的、现实的依据。

第三，载体是一个目的性范畴。

载体是一目的性范畴，主要因为它是属人的事物。处于自然形态的事物，尽管它可能时刻发挥着承载他物进行运动的功能，但在进入人的视野之前，在人的行为实践的目的性未浸入之前，是无所谓"载体"的。因为它只有在人活动的目的性观照下，才会被确认为载体。在这种情况下，载体与承载物的关系虽然可以是超越于人之外的事物与事物的关系，但一旦一事物被称之为载体则必是人类实践的结果。可以说，载体是人的本质力量对象化的产物，这对于人化自然比较容易理解。汽车、火车、飞机、火箭，等等，的的确确是人创造出来的具有载体功能的事物。而某些自然物，如水、风、电磁波等，之所以可称为载体，根本在于它们已经由于人的认识和实践能力及其作用而进入人的生活之中，已经不是本来意义的纯粹的自然了，至少在人发现自然物的载体功

---

① 《马克思恩格斯全集》第 23 卷，人民出版社，1972，第 72 页。

能并加以利用的那一时刻起，自然物就成为"属人的事物"，成为确证和实现人的主体性的对象，就已经对象化了。那些在人的认识和实践能力范围之外，丝毫不与人直接或间接发生关系的事物，无从谈起它们的功能、属性，是无法"命名"为载体的。可见，载体是人们认识与改造世界的实践性产物，载体与承载物的关系实际上是人类按照自身需要对事物（载体）的功能、特征加以利用的关系。在此情况下，人类可从特定的目的出发去发现、去创造新的载体。

二 思想政治教育载体的概念与构成要件

依据现有可查阅到的文献，"载体"一词大约于20世纪90年代出现在思想政治教育研究领域。1992年，杨广慧在其文章《探索新路子，寻找新载体》中最早在思想政治教育研究领域提出"载体"这一概念。此前，对思想政治教育载体问题的讨论和研究一般都是依附于思想政治教育"途径""方式""方法"等提法中的。有关思想政治教育载体的概念，学界形成了三种比较有代表性的观点。

一是活动论观点，比较有代表性的是张澍军教授。他认为，"思想政治教育载体是能使具有思想政治教育因素的事物发挥教育作用的活动过程"，是"为实现思想政治教育的目的，人们自觉设计并实施的能使具有思想政治教育因素的事物发挥出教育作用的所有活动及过程"。[①]

二是中介论观点，比较有代表性的是陈秉公教授。他认为，"思想政治教育工作载体，是思想政治教育工作的基本要素之一，是实现思想政治教育工作的中介和手段"，"所谓思想政治教育工作载体是指在思想政治教育过程中承载教育因素的工具性事物"。[②]

三是要素论观点，比较有代表性的是陈万柏教授。他认为思想政治

---

① 张澍军：《高校学生思想政治教育载体研究》，北京出版社，1999，第12页。
② 陈秉公：《21世纪思想政治教育工作创新理论体系》，吉林教育出版社，2000，第459页。

教育载体"是指承载、传导思想政治教育要素,能为思想政治教育主体所运用,且主客体可借此相互作用的一种思想政治教育活动"。[①]

上述三种比较有代表性的观点,都有其科学性和指导性,是我们开展研究的基础。结合上述观点,笔者认为,思想政治教育载体是指在思想政治教育实践中能够在思想政治教育主体(思想政治教育者和受教育者)间承载、传递思想政治教育信息,且能顺利实现二者互动的一种物质存在方式及其外在表现形态,它是思想政治教育中介之一。不是任何物质及其存在方式都可以成为思想政治教育载体,一事物要想成为思想政治教育载体必须满足以下条件。

一是能够承载特定的思想政治教育信息。在日常生活中,一些具体的事物可以被多种活动所运用,如开座谈会、开大会、大众传媒、日常管理等,如果它们不承载特定的思想政治教育信息,就不能称其为思想政治教育载体,当它们具有特别明确的思想政治教育方向性,即承载一定的思想政治教育信息时,才能够成为真正意义上的思想政治教育载体。例如,在学校思想政治教育实践中,教育者给予课堂特定的思想政治教育内容,然后借助于课堂将思想政治教育信息传递给受教育者,并适时得到反馈,在这种情况下,课堂教学就成为思想政治教育载体。可见,判断一种事物是不是思想政治教育载体,首要是看它是否承载了特定的思想政治教育信息。

二是能够实现思想政治教育者和受教育者之间的良性互动。思想政治教育实践不是教育者单方面的活动过程,而是教育者和受教育者共同参与的过程。作为沟通思想政治教育者和受教育者的载体,必然可以为思想政治教育者和受教育者提供相互联系的平台。从这个意义上看,日常生活中的党团组织、企业班组应该是思想政治教育载体的运用主体而非思想政治教育载体,如果"把主体与载体混为一谈,是一种把思想政

[①] 陈万柏:《思想政治教育载体论》,湖北人民出版社,2003,第9页。

治教育载体泛化的错误倾向，会导致认识的混乱，实践工作的随意性"。①

三是便于操控。一事物要想成为思想政治教育载体，还应便于思想政治教育主体去运用和把握。因为"思想政治教育，就是一定阶级或政治集团，为了实现其政治目标和任务而进行的，以政治思想教育为核心与重点的，思想、道德和心理综合教育实践"。② 在思想政治教育实践中，教育者要借助于一定的教育工具将特定的思想政治教育信息顺利地输送给受教育者，就必须能够预设和控制整个思想政治教育过程。在这种情况下，只有便于思想政治教育者操控的教育工具才具有思想政治教育载体价值。学界有论者把社会环境也认作思想政治教育载体，笼统地把整个社会环境当作思想政治教育载体，则不是十分恰当的。因为社会环境是复杂多变的，有些环境可以承载并传递思想政治教育信息，可以为教育者操控，可以成为思想政治教育载体；但也有一些社会环境因素，如经济环境、社会风气等虽然可以对受教育者的思想和行为产生影响，但我们应当看到这些因素不易为思想政治教育主体操控，因而很难成为思想政治教育载体。

三　思想政治教育载体与其他相关概念的厘清

在思想政治教育载体概念没有被明确提出之前，人们一般把思想政治教育方法、途径、中介等概念混为一谈，在思想政治教育实践中常常不加以区分，使思想政治教育载体不能得到应有的重视和运用，影响了思想政治教育效果，那么思想政治教育载体与思想政治教育介体、方法、途径究竟有何异同呢？

一是思想政治教育载体与思想政治教育介体概念的厘清。思想政治教育介体是思想政治教育者（组织）作用于受教育者的中介。"思想政

---

① 陈万柏：《思想政治教育载体论》，湖北人民出版社，2003，第 10~12 页。
② 陈秉公：《思想政治教育学原理》，辽宁人民出版社，2001，第 3 页。

治教育中介是指占统治地位的阶级和国家与受教育者建立起思想政治教育联系的所有中间介质的总和；它包括国家主体与受教育者之间的所有要素，是由组织中介、传媒中介、关系中介、载体中介、内容中介、教育者中介及它们在思想政治教育过程中的实践活动构成的有机整体。"[1] 可见，思想政治教育载体是思想政治教育介体之一，是与思想政治教育方法、途径密切联系在一起的。一般说来，思想政治教育载体"从宏观上多与途径、渠道相连，从微观上多与方式、手段相连"。[2] 思想政治教育中介与载体是整体与部分的关系，在思想政治教育过程中，教育者与受教育者的相互影响和作用，必须借助许多中介（介体），思想政治教育载体是思想政治教育中介的一个重要构成因素。

二是思想政治教育载体与思想政治教育方法概念的厘清。从本质上看，思想政治教育载体应隶属于方法论范畴，但它又不完全等同于思想政治教育方法。二者之间既有联系又有本质性区别。"所谓思想政治教育方法则是为了达到思想政治教育目的所采用的方式和手段，是对思想政治教育载体的具体操作。"[3] 方法与载体都是完成思想政治教育过程不可缺少的组成要素，都是联系主客体的桥梁和纽带。实际上，思想政治教育方法的实现必须依托特定的载体，而且在特定程度上制约思想政治教育载体的运用。比如，思想政治教育主体选择了管理教育法，就在一定程度上决定了其运用的载体必然以管理载体为主；主体选择了实践教育法，就要以活动载体为主。

三是思想政治教育载体与思想政治教育途径概念的厘清。思想政治教育途径，是落实思想政治教育目标和任务的基本路径和方向。思想政治教育途径是我们选择运用思想政治教育载体的主要渠道。在学校教育

---

[1] 邵献平：《思想政治教育中介论》，中国社会科学出版社，2007，第21页。
[2] 张耀灿：《重视教育途径和方法的创新》，《学校党建与思想教育》2000年第6期，第22页。
[3] 贺才乐：《思想政治教育载体研究》，湖北人民出版社，2004，第7页。

中，思想政治教育途径包括"两课"教学、日常管理工作、社会实践等。① 思想政治教育过程中的每一个环节都需要采取一定的途径和方法，才能将特定的教育目标转化为受教育者的需要，进而外化为良好的行为效果。离开了思想政治教育途径，上述两个转化就无法实现。但思想政治教育方法、途径并没有承载思想政治教育信息的功能，只有思想政治教育载体才具备这一功能。

四是思想政治教育载体与思想政治教育资源的厘清。资源是指"人类社会发展可资利用的一切有形的或无形的、物质的或非物质的、自然的或者社会的要素或价值"。② 吉登斯（Giddens）将资源定义为"改变事物的一种能力"。③ 美国芝加哥大学社会学系教授 J. 科尔曼（Coleman）认为，"资源是那些能满足人们需要和利益的物品、非物品（如信息）以及事件（如选举）"。④ 从对一般资源概念的历史考察出发，我们可以这样去理解思想政治教育资源："所谓思想政治教育资源，是指在思想政治教育活动中，能够被教育者开发利用、有利于实现思想政治教育目的的各种要素的总和。"⑤ 从狭义上讲，思想政治教育载体在本质上讲即是思想政治教育资源。同时，思想政治教育资源为优化创新建设思想政治教育载体奠定物质基础，从而丰富了思想政治教育载体。

五是思想政治教育载体与知识载体概念的厘清。在思想政治教育载体运用过程中，确实有承载、传递知识的环节。教育目标的实现，也需要发挥知识的作用，需要将社会认可的政治观点、道德规范通过知识的形式传输给受教育者。但是思想政治教育载体，并不等同于知识载体。

---

① 贺才乐：《思想政治教育载体研究》，湖北人民出版社，2004，第7页。
② 覃明兴：《大资源：现代社会发展的支撑系统》，《社会科学》1999年第5期，第55页。
③ Giddens, A. *Contenporaty Critique of Historical Materialism* (Berkeley: Uni. of California Press, 1981), p. 170.
④ Coleman, *J. S. Foundations of Social Theory* (Cambridge: Harvard University Press, 1990), p. 32.
⑤ 陈华洲：《思想政治教育资源论》，中国社会科学出版社，2007，第34页。

首先，二者承载的事物是有区别的。知识载体一般承载的主要是知识，而思想政治教育载体承载的是特定的思想政治教育内容和信息。尽管思想政治教育载体的承载物有时也颇具知识的形态，但它不等同于知识载体所承载的知识。其次，二者的目的或者说价值是不同的。知识载体的目的或者说价值是保存、传输知识；而思想政治教育载体的价值则在于协调思想政治教育者将特定的思想政治教育信息传输给受教育者。

四　思想政治教育载体的特征

一是客观性。思想政治教育载体是一种客观的物质存在，是与物质相连的现实的活动形式，并非人们的主观臆造物。譬如，在当前的思想政治教育实践中，大众传播是一种比较普遍的思想政治教育载体，大众传播的介质——报纸、杂志、广播电视（电影）等都有其物质基础。因此，作为思想政治教育信息的外在表现形态的思想政治教育载体具有客观性，而且正是因为思想政治教育载体具有客观性，是一种现实的物质存在，它才能为思想政治教育者驾驭。

二是中介性。在思想政治教育过程中，思想政治教育主体、客体、介体、环体相互影响、相互制约。思想政治教育载体是沟通思想教育者和受教育者的桥梁，思想政治教育者和受教育者的思想交流都要借助思想政治教育载体才能实现。离开了思想政治教育载体，思想政治教育者和受教育者之间就很难实现互动，更谈不上有效地实施思想政治教育。在思想政治教育实践中，思想政治教育者将大量的思想政治教育借助载体传递给受教育者，受教育者则是比较、选择、吸收后，又借助载体将思想教育信息传递给教育者。在这一过程中，无论是思想政治教育信息的传递还是反馈，都需要借助思想政治教育载体才能实现。

三是承载性。思想政治教育载体最基本的功能，就是承载特定的思想政治教育信息。承载性是思想政治教育载体的固有属性，但它又是在承载运用的过程中实现的。思想政治教育者要求的世界观、人生观、价值观等思想政治教育信息只有通过思想政治教育载体的承载与传递运动，才能为受教育者所感知，并对他们施加影响，使思想政治教育信息得以保存和传播。

四是易操控性。思想政治教育载体应该便于思想政治教育者驾驭。因为思想政治教育工作计划性很强，作为思想政治教育工具的思想政治教育载体，只有具备易操控性特征，才能有序地承载并向受教育者传递思想政治教育信息，同时可以顺利地将受教育者的受教育状况及时地反馈给教育者。

五　思想政治教育载体的功能

通俗地讲，思想政治教育载体的功能就是其在思想政治教育实践中的价值和作用。概括起来，思想政治教育载体具有承载、传递、教化和互动等功能。

一是承载功能。承载功能是思想政治教育载体最基本的功能之一。在思想政治教育活动中，思想政治教育信息总要依附渗透于一定的思想政治教育载体之中才能得以保存和传播。在思想政治教育载体运用的实践中，受教育者通过接触载体就能够感受到思想政治教育信息并逐步内化为自身需要。在原始社会，人们主要借助于语言、行动等基本载体来进行社会教化；在科技发达的现代信息社会，人们则主要借助于传媒、网络等现代载体进行思想交流。

二是传递功能。传递功能是指思想政治教育载体能够实现在思想政治教育主体（思想政治教育者和受教育者）间输出和输入思想政治教育信息的功能。思想政治教育载体具有承载性，这就决定了它自然具有传递功能。"在思想政治教育过程中，思想政治教育信息可在传递、传播过程中不断进行生产、发生增值。思想附着在思想政治教育载体身上，通过思想政治教育载体而传导，思想政治教育载体便成了传播、沟通、储存、转换思想情感的工具。"①

三是教化功能。思想政治教育载体的运用具有明显的目的性，带有明显的价值取向，这种目的一旦实现，就会成为教育对象的思想指示器和行为导向仪。思想政治教育载体并不像物质载体那样做机械性的载运，它可以增强所载运的教育（信息）因素的教育作用。但是，它的实现不是一蹴而就的，只有不断地发挥载体的作用，促使受教育者多次亲身体验，不断践行，才能铸就良好的品行。思想政治教育载体不仅可以载运教育主体有意识地发出的教育信息，而且可以使蕴含在事物中的教育因素转化为教育信息并传递给教育对象，实现教育目的。

四是互动功能。互动功能是指思想政治教育载体具有沟通思想政治教育主体（思想政治教育者和受教育者）的能力。在思想政治教育过程中，思想政治教育者和受教育者要发生联系必须借助一定的形式才能进行，思想政治教育载体是二者相互联系的纽带。

第二节　思想政治教育载体有效运用的内涵与特点

思想政治教育载体的有效运用是一个实践过程，是思想政治教育载体与实践的结合，是实现思想政治教育效果的关键。研究思想政治教育载体的运用，首先要弄清楚思想政治教育载体有效运用的内涵。关于思想政治教育载体有效运用的内涵，可以从分析界定思想政治教育载体的根本概念及基本环节着手。

---

① 贺才乐：《思想政治教育载体研究》，湖北人民出版社，2004，第177页。

一 思想政治教育载体有效运用的概念和基本环节

"有效运用"是一复合词组,是"有效"和"运用"这两个词语的混合。《现代汉语词典》将"有效"解释为一事物有效果,实现了本身设定的目标[1];将"运用"解释为依据事物的特性加以选择与利用[2],如运用自如,灵活运用。从《现代汉语词典》的解释我们可以看出,二者都包含着主观与客观的统一,既强调一事物本身的特性,又强调人主观能动性的发挥。

"有效运用"同样包含着主观与客观的统一。思想政治教育载体的有效运用,是指在思想政治教育实践中,思想政治教育者从受教育者的实际需要出发,选择利用思想政治载体并借助其实现思想政治教育内容和信息的传递与反馈,最终落实思想政治教育目标的过程。简单通俗地讲,思想政治教育载体的有效运用,是指思想政治教育者和受教育者借助思想政治教育载体实现思想政治教育内容和信息的传递与反馈,并最终落实思想政治教育目标的实践活动与过程。

为了更为具体地理解思想政治教育载体的有效运用,我们可以将思想政治教育载体的有效运用细化为以下几个环节或者是阶段,即思想政治教育载体的选择、思想政治教育内容和信息的注入、思想政治教育信息的传输、思想政治教育内容的反馈。

第一环节是思想政治教育载体的选择。针对不同的受教育者及需要传递的思想政治教育信息,合理地选择思想政治教育载体,是思想政治教育载体有效运用的首要环节。思想政治教育载体的选择必须依据受教育者的具体情况而定。譬如,针对在校的大学生,我们可以选择课程载体、校园活动载体等;针对城市社区居民,我们可以选择文化载体、社

---

[1] 李行健:《现代汉语词典》,外语教学与研究出版社,2014。
[2] 李行健:《现代汉语词典》,外语教学与研究出版社,2014。

区活动载体等；针对农村居民，我们可以选择农村习俗活动等群众喜闻乐见的形式。

第二环节是思想政治教育内容和信息的注入。为选取的思想政治教育载体注入切合的思想政治教育信息，是思想政治教育载体有效运用的第二个环节。当我们针对不同的受教育者初步选择好思想政治教育载体时，还要为其注入匹配的思想政治教育信息，这也即是我们所说的思想政治教育内容和信息的注入。一般情况下，我们为思想政治教育载体注入了什么样的思想政治教育信息，它就承载和传递什么样的内容和信息。由此可见，在为载体注入思想教育内容和信息这个问题上，考验的是思想政治教育者的三观能动性。

第三环节是思想政治教育内容和信息的传递。承载和传递思想政治教育内容和信息，是思想政治教育载体基本的功能之一。我们选择好思想教育载体并为其注入思想政治教育信息后，还要借助载体将特定的教育信息顺利地传递给受教育者。因此，传递思想政治教育内容和信息是思想教育载体运用的关键环节。

第四环节是思想政治教育内容和信息的反馈。思想政治教育载体顺利地实现思想政治教育内容和信息的传递，并不意味着一个思想政治教育载体运用过程的终结。一个完整的思想政治教育载体的运用过程还应包括一个信息反馈环节，即受教育者借助载体及时地将自身对思想政治教育内容和信息的接受情况反馈给受教育者。可见，在思想教育载体的运用过程上，思想政治教育者获得了受教育者及时的信息反馈才意味着一个完整的思想政治教育载体运用过程的结束。

二 思想政治教育载体有效运用过程的特点

一是运用意识的先进性。思想政治教育载体的运用，必须坚持科学的理论指导，必须具有先进的运用意识。思想政治教育的一个重要功能就是通过人们进行良好思想政治品德的引导来维护社会秩序，由此可见思想和行为的导向是思想政治教育的基本功能。运用意识的先进性，要求在不良思想苗头和行为出现之前，我们就应当借助载体提前将"是怎么样"与"该怎么样"的思想政治教育信息及时准确地传递给受教育者。意识的先进性符合人们思想认知发展规律。认知心理认为人们认知过程中存在首因规律，即当人们对某一事物不了解时，最先注入人们知觉结构的信息，最容易被接受和内化，并形成一种思维定式。因此，思想政治教育者就要把握受教育者思想发展的规律和特点，运用各种思想政治教育载体及时地将思想政治教育信息传递给受教育者，从而实现对受教育者的有效引导。

二是运用形式的多样化。同思想政治教育载体相比，思想政治教育信息是无形的，要将无形的思想政治教育信息顺利地传递给受教育者，则必须借助有形的思想政治教育载体。正如江泽民同志曾指出的："宣传思想工作是做人的工作，关键是要有吸引力和实效性。形式主义的宣传教育，尽管也费了力气，但收不到效果，达不到目的。经验说明，要做好宣传思想工作，在明确宗旨和把握正确方向的前提下，还要深入了解人们的思想和心理，同时要讲究方式方法。在这些方面我们既要继承和发扬过去党的宣传思想工作的好的传统、好的经验，又要大胆在新的实践中探索新的途径、方法、手段，积累新的经验。"① 在这里，江泽民同志实际上指出了我们运用思想政治教育载体的具体形式应该而且必须多样化。

三是运用（承载）内容的深入性。从本质上讲，思想政治教育载体是思想政治教育者向受教育者传递思想政治教育内容和信息的媒介，媒介育人作用的发挥还必须靠注入其中的思想政治教育内容和信息。思想政治教育载体运用内容的深入性特点，即向受教育者内在需要的深

---

① 《江泽民论社会主义精神文明建设》，中央文献出版社，1999，第399页。

入。在思想政治教育载体的运用过程中,要多注重给载体注入富有时代精神且更能满足受教育者心理需要的思想政治教育内容和信息,从而提升载体(及其承载内容)的吸引力,使受教育者增加主动接受载体及其内容的积极性。

四是运用过程的参与性。"马克思主义看重理论,正是,也仅仅是,因为它能够指导行动。如果有了正确的理论,只是把它空谈一阵,束之高阁,并不实行,那末,这种理论再好也是没有意义的。"[1] 思想政治教育载体运用的过程中,理论也应与实践相结合。因为,"离开革命实践的理论是空洞的理论,而不以革命理论为指南的实践是盲目的实践"。[2] 思想政治教育载体的运用成效要想落到实处,必须有受教育者的积极参与。如何引导受教育者参与到载体运用实践之中,以及参与到何种程度,这是思想政治教育载体运用过程中要解决的首要问题。不调动受教育者参与载体运用实践的积极性和主动性,不充分发挥受教育者的主体作用,思想政治教育载体的运用成效就很难落到实处。因此,我们要充分发挥受教育者在选择、运用思想政治教育载体过程中的作用,激发受教育者接受思想政治教育信息的积极性和主动性,从而增强思想政治教育的实效。

第三节 思想政治教育载体运用"有效"的生成与评价

《现代汉语词典》将"有效"解释为"能达到预期目的"。它是人们依据一定的评价标准,对某项实践活动效果或事物进行证明评价后所

---

[1] 《毛泽东选集》第1卷,人民出版社,1991,第292页。
[2] 《斯大林选集》上卷,人民出版社,1979,第199~200页。

得出的积极结论,即指"组织目标的实现程度"①。它表达的是人们主观需要、愿望的实现和满足程度。思想政治教育载体本身是客观的实体,是不以人的意志为转移的,因而是无所谓有效的。我们所谓的"有效"是针对运用而言的,它是一种运用的有效。从本质上看,思想政治教育载体的运用,是思想政治教育信息在思想政治教育主体(思想政治教育者和受教育者)间的传播过程。既然是一种信息传播过程,自然就涉及信息传播的"有效"与否。这种"有效"性是思想政治教育载体在实现其教育功能时所表现出的积极性,这些积极特性能对思想政治教育目的的实现产生促进作用。

可见,思想政治教育载体的"有效"是运用的有效性,只有在运用中,才能产生有效性。思想政治教育载体运用的有效性,取决于其在运用过程中是否与思想政治教育诸因素产生一定的适应性、契合性以及所达到的程度。就像毛泽东同志曾指出的:"人们要想得到工作的胜利即得到预想的结果,一定要使自己的思想合于客观外界的规律性,如果不合,就会在实践中失败。"②

一 思想政治教育载体运用"有效"的生成

(一)来自于教育主体的适应

在思想政治教育载体运用过程中,思想政治教育者和受教育者同为主体,其中思想政治教育者是载体的操控主体,而受教育者同是载体的接受主体,二者具有平等的地位。所以,在本书中,我们把思想政治教育者和受教育者都看作教育主体。

一方面,思想政治教育载体运用的有效来自于教育者的适应。思想政治教育载体本身是客观的,但是载体的选择和运用又不得不受制于教

---

① 邱伟光、张耀灿:《思想政治教育学原理》,高等教育出版社,1999,第27页。
② 《毛泽东选集》第1卷,人民出版社,1991,第284页。

育者的各种特性。思想政治教育载体的选择和运用，与教育者所具有的各种素质有着密切的关系。同一载体被不同的主体运用会收到大相径庭的效果。因此，载体在选择和运用过程中必须与教育者具有适应性，只有这样才能产生实效。

另一方面，思想政治教育载体运用的有效来自于受教育者的适应性。思想政治教育载体运用的依据和原则，除了由思想政治教育的目的和任务决定，则亦由人的思想形成发展的规律所决定。也就是说，思想政治教育载体的有效运用，应该与受教育者的思想、心理发展特征相适应，应针对受教育者的学历层次、性格、年龄、家庭背景及既有的知识结构等方面进行选择。只有选择与受教育者相适应的思想政治教育载体，才能调动受教育者参与思想政治教育实践的能动性。

（二）来自于教育目标、内容的契合

思想政治教育目标，是思想政治教育载体运用实践的归宿和出发点。思想政治教育目标为思想政治教育载体的运用规划了方向。思想政治教育的目标决定思想政治教育载体的选择和运用，而思想政治教育的内容是教育目标的细化，它是思想政治教育载体教育作用得以实现的基础。

（三）来自于教育环境的协同

思想政治教育载体的运行总是在特定的环境下进行的。因为，我们在选择思想政治教育载体时，总是要基于一定的思想政治教育环境。通俗地讲，思想政治教育环境主要包括经济环境、政治环境、文化环境等。从宏观上讲，经济环境中的经济发展程度为思想政治教育载体的运用提供了物质准备；政治环境在一定程度上会影响思想政治教育的目标和任务；文化环境与思想政治教育载体的运用则是相互促进、相辅相成的。从微观上看，社区、单位和家庭环境等皆会对思想政治教育载体的选择、运用施加重要影响。因此，要实现思想政治教育载体的育人效果，需要良好社会环境的协同。

二 思想政治教育载体有效运用的评价

思想政治教育载体的有效运用，不能被简单地理解为开展思想政治教育工作时运用思想政治教育载体。思想政治教育载体的有效运用，关键是看思想政治教育载体的运用有没有实现它的价值，即它有没有满足受教育者对思想政治教育的需要，即它有没有促使受教育者把国家与社会对个人的思想政治要求内化为自己的习惯。评价思想政治教育载体是否达到比较优化的运用，可以从过程有效和效果有效两个方面展开。

（一）过程有效

过程有效，主要是指思想政治教育者主动运用思想政治教育载体开展思想政治教育活动，受教育者认可思想政治教育载体并借助它向思想政治教育者进行信息反馈。过程有效可以从以下三个方面把握。

第一是思想政治教育者恰当地选择运用思想政治教育载体。思想政治教育者关于载体及其功能的认知，是思想政治教育载体有效运用的基础。在思想政治教育实践中，思想政治教育者如果能对思想政治教育载体及其功能有一个正确的认识，同时把思想政治教育内容和信息与思想政治教育载体有机结合，才易实现思想政治教育载体的有效运用。可见，对思想政治教育载体的能动反映，是思想政治者选择和运用思想政治教育载体的基础。这一能动反映是通过思想政治教育者对思想政治教育载体的基本属性、特征、本质和规律等在观念上的把握实现的。

第二是受教育者接受思想政治教育载体并借助它进行信息反馈。过去，我们在研究思想政治教育载体时，主要着眼于思想政治教育者视角，认为思想政治教育者开展思想政治教育工作时有目的地运用了特定的思想政治教育载体，就实现了载体的价值。在这种情况下，如何提升思想政治教育载体的运用水平也主要是从提高思想政治教育的综合素质及载体运用能力上着手。实际上，在思想政治教育实践中，思想政治教育者运用某一思想政治教育载体开展教育活动，这只是形式上的运用。这种运用能否取得预期的效果，则还要看受教育者能否认可这一特定的思想政治教育载体并自觉地运用这一载体实现与教育者之间的互动。随着通信技术的发展，网络已逐步深入人们的日常生活。在思想政治教育实践中，运用网络开展思想政治教育工作则显得尤为重要。思想政治教育网络载体的运用成效，一方面取决于思想政治教育者驾驭网络载体的能力，另一方面也有赖于受教育者对网络载体及其所载思想政治教育内容和信息的认可与喜爱。

第三是思想政治教育信息能够顺利地实现在思想政治教育主体间的传输。作为沟通思想政治教育者和受教育者的一个媒介，思想政治教育载体能否帮助思想政治教育者和受教育者实现思想政治教育信息的交流，这是判断思想政治教育载体有效运用的重要依据。思想政治教育载体能够承载特定的思想政治教育信息，同时更为重要的是它能够传递思想政治教育信息。因为承载思想政治教育信息不是思想政治教育的终极目标，承载是为"传递"提供前提和条件，向思想政治教育客体传递社会要求的政治观点、价值观念、道德规范才是思想政治教育载体的最终目的。

（二）效果有效

思想政治教育者主动运用思想政治教育载体开展思想政治教育活动，受教育者接受思想政治教育载体并借助它向思想政治教育者进行信息反馈，这只是思想政治教育载体运用的过程有效，效果有效才是衡量思想政治教育载体有效运用的关键。效果有效主要体现在以下两个方面。

第一，受教育者的生活、发展性需要可以得到满足。

思想政治教育载体运用成效的实现，还表现为受教育者的个体需要得到满足。受教育者的个体需要主要包括：受教育者的社会适应性需要、生活享受型需要和发展性需要。

受教育者的社会适应性需要在载体运用过程中得到满足。在实践中，思想政治教育载体的运用承载着满足受教育者社会适应性需要的职能。在思想政治教育载体运用实践中，受教育者社会适应性需要的满足，主要表现为受教育者良好政治素养的养成。认知素养、情感素养、能力素养和行为素养等是受教育者良好素养的重要组成部分。认知维主要是指受教育者对国家政策、法规及其相关的社会政治规范、道德规范的掌握。情感维主要包括受教育者在参与载体运用实践后所形成的爱国情操和社会责任感。能力维主要是指受教育者在接受思想政治教育过程中形成的对社会问题的认识、判断、抉择能力。行为维是指受教育者在参与载体运用实践后，将载体承载的教育信息内化为自己的个体行为。

受教育者个人生活型享受需要得到满足。"人不仅为生存而斗争，而且为享受，为增加自己的享受而斗争……"① 思想政治教育载体承载的思想政治教育内容和信息，既要实现社会对人的教化，同时也应该满足受教育者的精神需要。这就对思想政治教育载体运用水平的提升提出了较高的要求。

受教育者的发展性需要得到满足。人的需要的构成是一个变化的动态体系，正如马克思所说的："在需求方面，看来存在某种数量的一定社会需要，要满足这种需要，就要求市场上有一定量的某种物品。但是，从量的规定性来说，这种需要具有很大伸缩性和变动性。它的固定性是一种假象。"② 受教育者在参与载体运用实践的需要也是不断发展变化的。在基本的社会适应性需要和享受需要得到满足的基础上，受教育者还希望在载体运用实践中获得发展性需要。受教育者的就业需要，可谓受教育者发展需要之一。现代社会对受教育者品德的要求越来越高，没有一定的品德，受教育者就很难找到工作，或者说，寻找工作的机会将受到限制。品德水准越高，受教育者在谋求职业和争取较高劳动

---

① 《马克思恩格斯全集》第 34 卷，人民出版社，1972，第 163 页。
② 《马克思恩格斯全集》第 25 卷，人民出版社，1974，第 210 页。

报酬中获得成功的机会就越多。调查显示，受教育者接受思想政治教育是为了毕业后顺利就业的比例随着年级的增长，呈逐步提高的趋势，但所占总的比例不大。

第二，社会需要得到满足。

社会需要得到满足，是指思想政治教育者通过运用思想政治教育载体顺利地把思想政治教育内容和信息传递给受教育者，促使其实现政治的社会化。社会需要主要由社会认同需要、动员需要构成。

社会认同需要，通俗地讲就是社会需要其成员就特定的政治制度、道德规范、思想意识形态有统一的认识。社会从本质上讲是由单个个体架构起来的一个整合体。为了人类社会的有序运行，人们应当遵循共同性的价值观、道德规范。思想政治教育所起到的作用，就是将社会的这种需要灌输给受教育者，受教育者实现内化后再反映为正常的社会行为，从而促进相应社会秩序的形成。

社会动员需要，是指国家在特殊的情况下，为了完成特定的任务，而对社会成员进行的思想动员，以期社会成员配合国家实现特定的目的。思想政治教育载体应在社会动员上起着重要作用。因此，判断思想政治教育载体运用成效时，我们还要看它能不能承担这种作用。

可见，"效果有效"是衡量思想政治教育载体有效运用程度的关键。"效果有效"主要表现在"社会需要能否得到满足"与"受教育者的个体需要能否得到满足"这两个方面。毫无疑问，"社会需要满足性"与"个体需要满足性"的结合为我们考量思想政治教育载体运用的有效性指明了方向。

第二章

思想政治教育载体的嬗变形态

　　思想政治教育载体的产生与发展，是由科学技术的进步、生产力的发展引起和决定的。在蛮荒时代，人类为了生存就必然要与自然界展开斗争，他们在共同生产和生活中产生了交流思想、表达感情的需要，于是产生了语言和行为载体。这个时期，人类之间的情感交流主要依靠主体之间的口耳相传，以口头语言为主，并辅之以体态与信号。此后，文字的发明，使人类真正进入了文明时代。

　　人类生产能力的进步与发展，也使脑力劳动最终从体力劳动中分离出来，从而出现了手抄书籍。这不仅加快了信息的生产与传播，而且促进了思想政治教育载体的生长与发育。后来，随着造纸技术和印刷技术的发展，出现了印刷书籍、杂志、报纸等载体，思想政治教育信息的传播范围更广、速度更快、实效性更强了。及至现代，伴随着电子与信息技术的发展，网络、数字广播、数字电视以及手机等传播媒介得到了广泛应用，思想政治教育的载体形式也越来越多样化。由此可见，思想政治教育载体从历史发展角度经历了一个从传统到现代的嬗变过程。从思想政治教育载体嬗变角度划分，思想政治教育载体的形态可以概括为富有时代意蕴的传统思想政治教育载体和新兴思想政治教育载体。

第一节　富有时代意蕴的传统思想政治教育载体

一　课程载体

课程载体，即寓党和国家设计的思想政治教育内容和信息于课程之中，是一项通过教育者的授课来影响受教育者的思想政治教育修养的教育活动。以课程作为载体实现育人效果，这在我国拥有悠久的历史。在我国古代，私塾老师就比较注重通过自身的授课活动来影响学生的德行。1912 年中华民国成立后，当时的孙中山先生就延请蔡元培先生为教育总长，重新修订教科书，这实际都是对课程载体育人功能的重视和运用。中华人民共和国成立后，中国共产党也相当重视课程载体在育人活动中的重要作用。改革开放以后，随着科学技术的发展，课程载体的内容融入了更多的时代精神，在表现形式上也日益多样化。在传统的教师、一张黑板、几支粉笔的基础上课堂教学开始运用多媒体教学。同时各种远程教学特别是网络课程等课程载体的新形态更是呈现一番欣欣向荣的态势。这种态势说明，在科技发展的今天，思想政治教育课程载体搭上了科学技术的翅膀，其育人作用发挥得越来越宽广。

（一）课程载体的基本形式

课程载体从表现形式上划分为两类，即思想政治理论课程（包括各种素质类课程）和专业课程。

思想政治理论课程（包括各种素质类课程），是学校对受教育者进行公民品德教育和马克思主义常识教育的必修课程，是学校思想政治教育工作的主渠道和主阵地。思想政治理论课程载体对帮助受教育者确立正确的政治方向，树立科学的世界观、人生观和价值观，形成良好的道德品质起着重要的导向作用，它保证思想政治教育内容和信息传输的系统性和导向性，其作用是其他任何载体所不能替代的，它是中国共产党多年来思想政治工作的基本经验之一。思想政治课程受到党和国家的高度重视，2004年8月26日，《中共中央国务院关于进一步加强和改进大学生思想政治教育的意见》明确规定："高等学校思想政治理论课是大学生思想政治教育的主渠道。思想政治理论课是大学生的必修课，是帮助大学生树立正确世界观、人生观、价值观的重要途径，体现了社会主义大学的本质要求。"① 在学校思想政治理论课的设置方面，当前我国高校主要开设"马克思主义基本原理"、"毛泽东思想与中国特色社会主义理论体系概论"、"中国近现代史纲要"、"思想品德修养与法律基础"、"形势与政策"五门课程；高中开设"思想政治课"；中小学开设"思想品德课"。具体设置情况见表2-1。

表2-1 学校思想政治理论课设置的具体情况

	思想政治理论课的设置	门数
小学	思想品德	1
初中	思想品德	1
高中	思想政治	1
大学	马克思主义基本原理；毛泽东思想与中国特色社会主义理论体系概论；中国近现代史纲要；思想品德修养与法律基础；形势与政策	5

专业课程，是一种隐性的思想政治教育课程载体。它的存在方式和发挥作用的方式都不同于思想政治理论课。同思想政治理论课程相比，专业课程所承载的思想政治教育内容和信息不是非常系统的，它主要结合该专业课程的受众实际渗透一些思想政治教育信息；从作用方式上看，专业课程育人作用的发挥是间接的。在本质上看，专业课程思想政治教育的功能主要是侧重于受教育者专业的实际，培养受教育者良好的

---

① 《十六大以来重要文献选编》（中），中央文献出版社，2006，第181页。

职业素养和道德。这种作用的发挥是非常必要的。随着社会的发展，党和国家对受教育者品德素养的打造已经从原来的监导变成现在的引导，即引领受教育者在思想品德方面更适应社会的需要。职业是人谋生的方式，也是人一生主要的场，在这个场里，职业道德的重要性不言而喻。在科技高度发达的今天，如果我们的专业教育只重视教书而不注意育人、不注重职业道德素养的培养，就会产生出一批高技术强盗。人的良好职业道德的培养不是在入职后，而是在入职前。专业课程中融入一些职业道德素养方面的教育内容和信息，无疑会起到"润物细无声"的作用。

（二）课程载体的特点

一是载体形式稳定。无论是思想政治课程，还是专业课程，它们的设置形式相对都比较稳定。因为这些课程的设置、教学的内容及考试考核等较稳定，且具有国家和学校的制度、规则保障。譬如在高校思想政治教育领域，1995年11月，国家教委颁布《中国普通高等学校德育大纲》。该大纲明确指出：马克思主义理论课和思想品德修养课是高校学生的必修课程。同时该大纲还对高校思想政治理论课程的设置、教学时数进行了明确的规定。这就使思想政治理论课程载体有了制度的保障，载体形式更加稳定。

二是教育者主导性强。课程载体作用的发挥，主要是围绕教育者的教学实践活动实现的。在教学实践活动中，思想政治教育者是授课的主体，居主导地位。这就保障了课程载体在传递思想政治教育信息时的权威性。当然需要注意的是，我们明确思想政治教育者在教育活动中的主导地位，并不表明教育者是教学活动的决定者，可以随心所欲地进行教学活动或者随心所欲地对待受教育者。而是强调教育者更应注意培养受教育者参与课程载体运转的积极性，以唤起并充分发挥受教育者的主体意识，以提升思想政治理论课程载体的主导性。

三是承载内容具有科学性和系统性。课程教学的大纲、教学目标一般由国家制定，那么作为教学目标具体化的教学内容便内在地具有科学性和系统性。单就高校思想政治理论课课程载体来看，为了更好地实现其承载内容的科学化，党和国家多次对思想政治理论课程的设置进行了改革。当前高校思想政治理论课教学方案是"05方案"，该方案承载的思想政治教育内容包含了五个基本层次：一是关于马克思主义的普遍原理及体系的内容，主要体现在《马克思主义基本原理》课程之中；二是关于马克思主义指导下的中国革命和建设主题的内容，主要体现于《毛泽东思想与中国特色社会主义理论体系概论》课程之中；三是关于中国社会革命发展历程及规律的内容，主要体现于《中国近现代史纲要》课程之中；四是关于大学生思想道德素质和法律素质的提高的内容，主要体现于《思想品德修养与法律基础》课程之中；五是关于在马克思主义指导下科学地认识国际国内形势的内容，主要体现于《形势与政策》课程之中。五个层面的课程设置展现了我国高校思想政治理论课程体系的完整性，体现了思想政治理论课程设置的合理性。

四是作用于人的理性认知。与网络等现代思想政治教育传媒载体相比，课程载体主要作用于人的理性认知。理性认知主要是人的世界观、人生观和价值观。课程载体以丰富的思想政治教育内容体系、严肃的方式，引导受教育者树立科学的价值观、世界观与人生观，引导受教育者掌握科学理论、坚定理想信念，提升受教育者的思想素质。正如邓小平同志曾经说过的："我认为最重要的是人的团结，要团结就要有共同的理想和坚定的信念。我们过去几十年艰苦奋斗，就是靠用坚定的信念把人民团结起来，为人民自己的利益而奋斗。没有这样的信念，就没有凝聚力。没有这样的信念，就没有一切。"[1] 由此可见，理性认知的重要性。

---

[1] 《邓小平文选》第3卷，人民出版社，1993，第190页。

二 文化载体

(一) 文化载体的形式

文化的内涵可以从广义和狭义两个角度来理解。从广义角度来看，文化可以被泛指人类在自身的实践活动中所创造的全部物质财富和精神财富的总和；从狭义角度来看，文化可以被看作一种精神产品，这种精神产品具体包括科学技术、文化艺术及其他意识形态类精神产品等。毛泽东在《新民主主义论》中谈到对文化的定义，他说："一定的文化（当作观念形态的文化）是一定社会的政治和经济的反映，又给予伟大影响和作用于一定社会的政治和经济；而经济是基础，政治则是经济的集中的表现。"[①] 由此可见，文化之于政治的重要性。寓思想政治教育内容和信息于文化之中，利用其渗透性开展教化工作，在我国拥有悠久历史，儒家文化在我国封建社会一直是统治者教化民众的重要工具。中华人民共和国成立后，我们确立了马克思主义在文化中的主导地位。改革开放以来，虽然我国文化日益多元化，各种亚文化不断涌现，但马克思主义在文化领域的主导地位始终没有动摇过。同时，随着文化表现形态的多样化，特别是网络文化的出现，无疑使我们长期都在运用的文化载体焕发出了新的生机和活力。

在思想政治教育领域，文化载体，即以文化媒介开展思想政治教育活动之意，是指思想政治教育者将特定的思想政治教育信息寓于文化活动及文化建设之中，从而对受教育者施加教育，达到提升受教育者思想政治素养的目的。文化载体有双层含义："一是发掘、利用既成的文化产品如书籍、音乐舞蹈、影视等文化形式中的教育因素，挖掘其包含的思想、道德、人格因素，运用其开展思想政治教育，发挥其思想政治教

---

① 《毛泽东选集》第2卷，人民出版社，1991，第663~664页。

育功能。二是将思想政治教育的内容渗透到文化建设中去,通过文化建设感染人、教育人。"① 关于文化载体的形式分类,学界有不同的分类标准。如果按照存在形态来分的话,思想政治教育文化载体可划分为物质文化载体和精神文化载体。

所谓物质文化载体,是指能够承载和传递思想政治教育内容和信息,能够促使思想政治教育主客体间相互作用的物质设施和物质环境。如思想政治教育类教材、爱国影视光碟、图书馆等公共服务设施、爱国建设基地、社区文化环境,等等。物质文化载体反映了整个社会文化的历史沉淀水平,良好的物质文化设施和环境,对人们的思想觉悟、道德品质和价值观的形成和发展具有重大影响,有利于推进思想政治教育工作,增强思想政治教育的时效性。

精神文化载体,是指以精神文化为思想政治教育文化载体的意思,指能够承载和传递思想政治教育的内容或信息,促使思想政治教育主客体之间相互作用的精神文化形态。精神文化载体包括观念文化载体和制度文化载体。观念文化载体,是指在文化设施和环境中逐步形成的一致的、良好的思想观点与价值信念,如社会道德风尚、社会舆论等。观念文化载体是道德领域的"风向标",对人们形成社会倡导的思想道德观和价值信念具有引导作用。制度文化载体,是指人们在社会生活中缔结的社会关系以及用于调控这些关系的规范体系,包括各种规章制度、道德规范、行为准则和工作守则等。科学合理的制度文化不仅对个人行为起到规范和约束作用,而且对群体价值观的发挥具有有效的强化作用,使社会倡导的观念文化成为现实。

(二) 文化载体的特点

第一,存在形式的广泛性。

思想政治教育文化载体的存在形式非常广泛,这是由文化的广泛性

---

① 陈万柏:《论思想政治教育文化载体的特征和功能》,《求索》2005年第5期,第112页。

决定的。文化遍及社会生活的方方面面,全方位、多角度地影响着思想政治教育的过程和人们思想品德的形成。如道德、法律可维护社会关系和稳定社会秩序,技术、经济可保障人的生存和发展,文学、艺术可以展示人们多样化的情感,宗教信仰可以寄托人的精神需要。文化载体的表现形式繁多,它能以文学、艺术产品、新闻、广播电视节目、图书馆、博物馆等宏观的方式呈现,也可以以校园文化、家庭文化等微观的方式展示。

第二,作用方式的渗透性。

与课程载体不同,文化载体是一种隐性思想政治教育载体,它具有较强的渗透性,可以对受教育者起到"润物细无声"的作用。因为,文化载体承载的思想政治教育信息是在不知不觉中影响到受教育者的,受教育者素养的提高是在潜移默化中实现的。思想政治教育文化载体作用方式的渗透性表现出的是文化本身的渗透性。文化是人类生存和发展的隐性思想政治教育环境。人们的素养状况与其所处的文化环境相辅相成。与课程载体等显性思想政治教育载体不同,文化载体的运作具有隐性思想政治教育载体的特点,它对受教育者产生的影响是潜移默化的,重在陶冶和熏陶,它的作用是随着文化自身对受教育者产生影响而实现的。

第三,影响的全面性。

思想政治教育文化载体对受教育者施加的影响具有全面性,这是由文化对人影响的全面性决定的。文化载体的具体形式譬如各种文化产品、活动及文化建设,既可以影响到人的世界观、价值观、人生观,又可以影响到人的个体修养和专业技能,同时还可以影响到人的审美观念和思维方式。因此,思想政治教育文化载体对受教育者施加的影响是全面而又复杂的,这些影响紧密地融合在一起,很难将其中某一个影响与其他的完全区别开来。从思想政治教育文化载体影响全面性的特点出发,思想政治教育者要特别注意把思想政治教育的内容、目标与文化活动、文化建设密切结合，以期对受教育者的各方面素养的提高都能起到积极作用。

三 活动载体

（一）活动载体的形式

马克思主义实践观指出：人与社会的发展离不开实践，而人的发展也离不开社会实践，人只有在实践中才能实现全面发展。可见，人的思想及价值观的形成与他经历的社会实践活动是密不可分的。这就要求我们要把思想政治教育与各种各样的实践活动紧密结合，思想政治教育活动载体就是二者结合的典型。"思想政治教育活动载体，是指思想政治教育工作者为达到一定的思想政治教育目的，以广大人民群众为主体，通过开展各种活动，寓思想政治教育内容于活动之中，使人们在参与活动的过程中潜移默化地受到教育。"① 以活动作为开展思想政治教育工作的载体，既是我党的优良传统，亦是时代发展固有要求。革命战争年代的"诉苦"、"三查"活动及改革开放后的各种创建活动、党团等组织活动，都是我们运用思想政治教育活动载体的成功范例。

思想政治教育活动载体的具体表现形式多样，下面我们仅就几种比较有代表性的思想政治教育活动载体形式加以介绍。

一是红色旅游活动。"红色旅游"即以中国共产党领导人民在革命战争时期形成的纪念地、标志物为载体，以其所承载的革命历史、业绩和精神为内涵，组织接待旅游者开展缅怀学习、参观游览的主题性旅游活动。② 红色旅游这种教育活动，可谓实现了思想政治教育与休闲娱乐方式的结合。红色旅游活动中，思想政治教育者引领受教育者欣赏祖国

---

① 贺才乐：《思想政治教育载体的形态及特点》，《理论与改革》2003 年第 6 期，第 105 页。
② 胡振民：《积极发展红色旅游深入开展爱国主义和革命传统教育》，《思想政治工作研究》2005 年第 4 期，第 4~6 页。

优秀的自然风光，瞻仰缅怀革命圣地与革命先烈，考察党和国家的历史事件，聆听英雄故事和事迹，这就可以把思想政治教育内容融入旅游活动之中，达到寓教于游、润物无声的效果。红色旅游活动是当前我们开展爱国主义和革命优良传统教育的重要载体，同时也是丰富广大人民群众精神文化生活的重要方式。它为思想政治教育带来了前所未有的机遇，我们应该充分利用红色旅游这一活动载体，实现思想政治教育方式的优化创新。

二是精神文明创建活动。精神文明创建活动，也是思想政治教育活动载体的一个主要形式。正如江泽民在党的十六大报告中讲到的："加强和改进思想政治工作，广泛开展群众性精神文明创建活动。"① 群众性精神文明创建活动，是由广大人民群众参与、创造和建设的，旨在提升广大人民群众的思想道德素质和科学文化素质的各种活动的总称。群众性精神文明创造活动的具体形式多样，近年来，我国各地开展的创建文明城市活动及创建卫生城市活动，实际上就是群众性精神文明创建活动的一个典型。群众性精神文明创建活动是将精神文明建设落实到基层，是推动物质文明、精神文明和生态文明建设有机结合的有效途径，同时也是调动人民群众积极参加精神文明建设实践的重要的载体。

三是志愿者服务活动。志愿者服务，是人类社会文明发展到一定阶段的产物，最早是以 19 世纪西方资本主义国家宗教性慈善服务的形式出现。20 世纪 90 年代以后传入中国，1990 年，我们首个志愿服务活动组织"青少年义务工作联合会"在深圳建立；1993 年团中央决定在全国全面实施青年志愿者行动；1994 年 12 月 5 日，中国青年志愿者协会在团中央的发起下成立。这标志着我国青年志愿者活动逐步走上了正规化的轨道。志愿者活动是当前我们开展思想政治教育工作的一个重要活动载体，它寓教育内容与志愿服务活动之中，为广大参与者了解国情民

---

① 江泽民：《江泽民文选》，第三卷，人民出版社，2006，第 560 页。

情、提高自身素质、丰富人生经历，提供了一个新的广阔的舞台。通过这项活动的开展，参与其中的受教育者可以在活动中了解党和国家方针政策，了解我国的发展状况，可以达到受教育者的自我教育。

（二）活动载体的特点

一是活动载体具有非常明确的目的性。不同于一般的活动，作为思想政治教育活动载体的活动从一开始就应有很明确的教育目的性。作为思想政治教育载体的活动，是紧扣特定的思想政治教育目的并在思想政治教育者的指导下开展的，围绕着特定的思想政治教育目标，活动要承载并传递特定的思想政治教育内容和信息。明确的教育目的性这一特点是我们判断作为思想政治教育载体的活动与一般活动的最主要的标志，也是我们界定某一种活动是不是思想政治教育活动载体的标准。例如，各种文化娱乐活动，在它没有被专门纳入思想政治教育视野、也没有被赋予特定的思想政治教育目标和内容之前，它就是一种一般的活动，显然不是思想政治教育活动载体。如果我们赋予一般的活动以非常明确的教育目的，那这种一般的活动就可以成为思想政治教育活动载体。

二是活动载体具有广泛的参与性。作为思想政治教育载体的活动，其指导者和发起者是教育者，其主要参加者则是广大的受教育者。受教育者积极主动地参与活动，是落实活动载体运用效果的保障。因此，活动载体要具有广泛的参与性，即必须有一定数量的受教育者积极主动地参与教育活动之中，才能保证活动的顺利开展和功能的发挥。思想政治教育活动的开展本身就是为了满足受教育者多方面的需求，如果参加活动的受教育者数量较少，或者参加的积极性不高，活动就不容易成为具有普遍适应性的思想政治教育载体。思想政治教育活动载体的这一特点要求我们在开展活动时，要采取措施最大化地激发、调动广大（潜在）受教育者参与活动的积极性、主动性，以充分实现活动载体的教育功能。

三是突出的社会实践性。活动本质上是一种社会实践，因此作为思想政治教育载体的活动具有突出的社会实践性，这种社会实践性可以表现在以下两个方面：一是作为思想政治教育载体的活动是在特定的教育目的的指引下，遵循思想政治品质形成规律组织的，它在本质上即是思想政治教育理论转换为实践的过程。二是在思想政治教育活动中，受教育者在经由活动接受思想政治教育内容的同时也在直接践行着内容。可见，思想政治教育活动载体具有较强的社会实践性。

四　管理载体

（一）管理载体的形式

"管理指通过控制、计划、决策、组织、协调、领导活动，运用人力、物力、财力、信息等各类资源来达到预定目标的各种活动和全部过程。"[①] 1999 年《中共中央关于加强和改进思想政治工作的若干意见》指出："必须坚持教育和管理相结合。"[②] 思想政治教育管理载体的形成正体现了教育与管理二者的结合。思想政治教育管理载体，就是思想政治教育信息渗透到管理活动中，渗透到人们的具体工作之中，以管理为平台、为媒介开展思想工作，就是将党和国家要求的思想政治教育内容融入具体的管理活动之中，以提高受教育者的思想道德素质，规范人们的行为，调动人们工作、学习、生产的积极性，使思想政治教育得以实现其教育目的并促进管理工作顺利开展的活动和过程。在思想政治教育工作中，管理涉及思想政治教育的制度管理、队伍管理和目标管理等。

第一，制度管理。思想政治教育作为一种教育活动，必然包含一定的组织领导、规章制度的建设。思想政治教育的制度管理就是通过制定一定的规章、规范、条例、守则将对对象的要求加以条文化、规范化和

---

① 何继善、陈晓红：《管理科学：历史沿革、现状与发展趋势》，湖南人民出版社，2003，第 15 页。
② 《中共中央关于加强和改进思想政治工作的若干意见》，《十五大以来重要文献选编》（中），人民出版社，2001，第 1039 页。

制度化，运用行政、纪律和法律的手段将"软"要求转化为"硬"约束，通过严格管理，保证思想教育基本要求的实现。制度管理可以提高思想政治教育的规范性、有序性和有效性，以防止随意性和软弱性。

制度管理的核心是建立奖惩严明的激励约束机制。对表现良好、符合社会要求的人的思想、行为进行表扬和奖励，通过精神上的激励（如口头表扬、通令嘉奖、授予荣誉称号、评定先进典型等）和物质上的刺激（如奖品、奖金、提高待遇、改善生活条件等）来加强正强化效应，告诉人们什么是该做的，是社会所提倡的。而对不良言行、落后表现不仅要加强说服教育，而且要有明文规定的约束和惩罚措施，通过口头指责、通报批评、纪律处分、经济处罚、治安管治等手段进行教育和纠正，告诉人们什么是不该做的，应当怎样做。只有奖惩严明、激励约束得当，才能使思想政治工作真正得到加强。

第二，队伍管理。思想政治教育的队伍管理，关系着教育者主导作用的发挥，关系着思想政治教育的性质和方向，关系着思想政治教育的成败得失。强化思想政治教育的队伍管理，一是要加强思想政治教育的领导工作，搞好队伍管理的制度建设。二是要抓好思想政治教育人才的培养，从政治上、思想上和业务素质上加强要求和培训。三是要搞好思想政治教育者的选拔工作，把全面考察和公开选拔结合起来，把德才兼备、愿为思想政治教育贡献力量的人选拔进思想政治教育队伍。四是要制定一定的倾斜政策和合理流动轮岗制度，调动和保护思想政治教育者的积极性，做到"进得来，留得住，干得好"。没有队伍的管理和建设，就不会有思想政治教育的有效开展。

第三，目标管理。思想政治教育目标管理就是社会各组织在社会主义精神文明建设总目标指导下，把思想政治教育纳入本组织发展目标和总体规划，制定一个思想政治教育的整体目标，然后层层分解，按岗定责，按时考核。与此配套，所有党政干部要实行"一岗两责"制度，既抓业务工作，又抓思想政治教育，实行双项考核，并以此作为干部奖惩、任免的主要依据。同时，指标要量化，形成一个易于考量的目标链。

实行目标管理，就必须制订好计划。总的目标只是原则要求，要在量化的基础上把目标分解成子目标，拿出具体的计划和实施方案。同时，要建立信息反馈系统随时检查目标执行情况，及时加以调控。

（二）管理载体的特点

第一，普遍性。在社会生活的各个领域，思想政治教育管理载体普遍存在，它与人们的生活、学习、工作紧密相关，具有相当宽广的辐射面。各个领域的思想政治教育工作几乎都可以与管理工作相结合，在学校思想政治教育领域，我们可以借助于教学管理工作对受教育者进行思想政治教育；在政府及相关部门，我们可以通过人事管理工作及行政管理工作对广大干部开展德行教育；在市场经济领域，我们可以借助工商行政管理工作对市场中的经营者进行思想政治教育；在社区，我们可以把具体的社区管理工作与思想政治教育工作相结合。可见，管理载体在社会生活的各个领域普遍存在。

第二，制度化。管理，从本质上来讲，就是依靠一定的制度规范来调节人们的行为以实现特定组织目标的活动。这些制度规范，从宏观上讲就是法律法规，如国家的经济管理制度、人事管理制度、行政管理制度；从微观上讲就是各种规章制度，如企业的管理制度、学校的管理制度等。无论是就宏观层面还是就微观层面来看，管理都是制度化了的，也就是说管理需要根据特定的法律、规章、纪律所形成的制度来保障。管理活动本身对制度具有较强的依赖性，这就决定了作为思想政治教育载体的管理具有制度化特征。这种制度化的特征具有一定的强制性。因此，在运用管理载体开展思想政治教育工作时，不能太过于随意地对其进行变更，而应因势利导、水到渠成地进行。

第三，综合性。管理活动本身具有综合性，需要综合运用多学科的知识。作为思想政治教育载体的管理活动，比一般意义上的管理更具有综合性的特点。在管理载体运用的过程中，承担思想政治教育责任的管理者不仅要具有管理思想，还要具有教育意识；不仅要关注被管理者的具体工作，还应考虑被管理者的思想状况；不仅要考虑被管理者的八小时之内，还要考虑被管理者的八小时之外；整个管理活动不仅要完成业务指标，还要实现思想教育目标。据此可见，思想政治教育管理载体及其运用具有较强的综合性。

第四，艺术性。和一般的管理活动一样，思想政治教育管理载体同样具有艺术性。所谓思想政治教育载体的艺术性主要是指原则基础上的灵活性和技术性。思想政治教育和管理都是实践性很强的活动，将二者结合起来的思想政治教育管理载体，其在具体的运用过程中，难免会受到一些突发性、偶然性因素的影响。这些不确定的因素，要求思想政治教育管理载体及其运用必须具有一定的技巧。作为思想政治教育载体的管理活动，必须具有一定的艺术性，要在具体的活动中灵活运用思想政治教育学和管理学的规律、方法，根据不同的受教育者、不同的思想政治教育环境创造性地开展工作。

五 心理咨询（谈话）载体

（一）心理咨询载体的形式

"咨询"一词来源于拉丁语 consulation，英文译为 concel，它的基本含义是商讨、协商。"心理咨询"一词最早在心理学界广泛使用。国外的一些心理学家对于心理咨询形成了几种不同的说法。例如，美国学者罗杰斯就认为，"心理咨询是通过与个体持续的、直接的接触，向其提供心理援助并力图促使其行为、态度变化的过程"。[①] 帕特森则认为："咨询是一种人际关系，在这种人际关系中，咨询人员提供一定的心理

[①] 李浪：《咨询心理学》，吉林文史出版社，2006，第2页。

气氛或条件,使咨询对象发生变化,做出选择,解决自己的问题,并且形成一个有责任感的独立个性,从而成为更好的人和更好的社会成员。"① 我国大百科全书把心理咨询定义为:"一种以语言、文字或其他信息为沟通形式,对来访者予以启发、支持和再教育的心理治疗方式。其对象不是典型的精神病患者,而是有教育、婚姻、职业等心理或行为问题的人。"②

在思想政治教育领域,通俗地讲,心理咨询的前身就是我们过去开展思想政治教育活动的一个基本方式,即谈话、谈心。改革开放后,随着心理学与思想政治教育学的日益融合,心理咨询被引入思想政治教育研究范畴,逐步地成为一种比较新颖的思想政治教育载体。作为思想政治教育载体的心理咨询"是指教育者运用心理咨询专业知识和技能,通过咨询双方的协商、交谈和指导过程,提供可行性建议,针对心理健康的正常人及轻度心理障碍者的各种适应和发展问题,帮助求询者进行探讨和研究,使其认识、情感和态度发生变化,从而达到自立自强、增进心理健康水平和提高生活质量目的的一种教育形式"。③

心理咨询可以有两种方式。

第一,障碍性咨询。障碍性咨询,主要是针对有心理问题的受教育者而展开的,开展这种咨询的目的是帮助受教育者摆脱心理困扰,以促使受教育者的心理向更健康的方向发展,很显然,障碍性咨询具有事后的治疗性。

第二,适应性和发展性咨询。适应性和发展性咨询,是一种事前的指导性咨询,这种咨询主要针对一些有特殊发展需要的受教育者,这些特殊的需要可以是学习、恋爱、择业等方面的。适应性和发展性咨询的目的是帮助受教育者更好地评估自己、更好地认识社会,使自身的人格

---

① 胡凯:《大学生心理健康新论》,中南大学出版社,2003,第310页。
② 《中国大百科全书》(心理学),中国大百科全书出版社,1985,第452页。
③ 刘素芬:《国外学校心理咨询载体运用的启示》,《思想政治教育研究》2009年第3期,第127页。

成熟起来以适应社会发展的需要。

随着科学技术的发展，作为思想政治教育载体的心理咨询可以采用传统那种面对面交流的方式，也可以利用网络、手机短信、微信这些新型信息交流媒介，更容易让受教育者畅所欲言。

（二）心理咨询（谈话）载体的特点

第一，心理咨询双方地位的平等性。和一般性的心理咨询一样，作为思想政治教育载体的心理咨询同样具有平等性，即咨询中咨询师与来访者具有完全平等的地位。思想政治教育心理咨询载体中的咨询师即思想政治教育者，来访者即受教育者，咨询双方的地位是平等的，这是其他思想政治教育载体很难具备的特点。因为，无论是思想政治教育课程载体，还是文化载体和管理载体，思想政治教育者在其中都具有主导地位，即具有权威性，这就很难实现思想政治教育者和受教育者的平等。尽管在当前的思想政治教育实践中，我们通过不断的倡导，受教育者的主体性已经有了一定程度的提高，但在课程载体等其他载体的运用实践中，受教育者的地位还是无法与教育者媲美。而在思想政治教育心理咨询载体及其运用过程中，实现了思想政治教育者和受教育者身份上的平等，特别是随着网络及通信技术的发展，心理咨询载体可以不通过面对面的方式展开，这样就更易实现咨询过程中思想政治教育者和受教育者身份上的对等。

第二，较强的针对性。在思想政治教育心理咨询载体的运用过程中，思想政治教育者和受教育者呈一对一的关系，这就打破了其他思想政治教育载体运用过程中教育者与受教育者一对多的困局。在心理咨询这种一对一的思想政治教育模式中，受教育者可以比较放松地打开心扉说出自己的心理问题，这容易使思想政治教育者及时捕捉到受教育者心理问题的源头，从而为受教育者打造出具有针对性的解决问题的方案。心理咨询载体的这种针对性，实际上就是我们日常生活中所说的有的放矢，这一特点对于思想政治教育者把握受教育者的实际需要，实现思想政治教育的实效具有重大意义。

六　传统传媒载体

（一）传统传媒载体的形式

《现代汉语词典》把"传媒"界定为各种传播媒介的简称。按照西方传媒界的标准，传媒可以分为旧传媒和新传媒。旧传媒主要以报纸、杂志、广播电视等为代表；新传媒是指伴随着光纤通信和互联网技术的发展，以网络为代表的现代传媒。传统传媒载体主要有以下几种表现形式。

第一，书籍。"书籍是用文字、图画等符号记录和传播知识、文化、思想、经验等为主要内容的印刷出版物，是大众传播媒介家族中最古老的一种形式。"① 作为大众传播媒介的书籍，它的内容广泛，价格也比较实惠，因此其受众即读者的覆盖面也较广。作为思想政治教育载体的书籍，它可以保存大量的思想政治教育内容资料，思想政治教育工作者可以对这些文字资料进行加工，就可以形成更为丰富、生动的文字和图片，深受广大受教育者喜爱。

第二，报刊。报刊通过印刷在纸张上的文字、图片、版式等符号传递信息。它具有体积小、重量轻、易于保存携带等特点，同时报刊文字的线性分布符合人们的阅读和思维习惯。人们通过阅读报刊了解某一事件时，一般可以深度阅读，能够对事件的前因后果做全面的了解，从而避免"浅阅读"。在互联网载体没有出现之前，报刊是人们获取信息的主要媒介，对于思想政治教育实践发挥了重要作用。当前，随着网络媒体的普及，报刊的影响虽然有所下降，但它仍不失为一重要的思想政治教育载体。

---

① 徐耀魁：《大众传播新论》，苏州大学出版社，2005，第71页。

第三，广播电视（电影）。广播诞生于 20 世纪 20 年代。广播是一种听觉媒介，它不受受众自身文化水平的限制。因此，广播的受众参与性较强、传播迅速，功能多样，感染力强。广播的这些特点决定了我们以广播为思想政治教育载体，也会使思想政治教育的覆盖面更加宽广。

电视被誉为 20 世纪最伟大的发明之一，它是通过特定的电波将文字、声音、图像等符号传递出去的媒介。据 2009 年国家统计公报资料显示：我国电视覆盖率已经近 100%。这说明电视已经基本深入我们的社会生活。同时，电视的形象性和直观性，可以弥补广播等其他思想政治教育载体的不足，可以不断更新思想政治教育的内容，发挥较为宽广的育人效果。以往的实践经验告诉我们，广播电视深受党和国家的重视，发挥了很好的育人作用。尽管随着网络的普及，人们对广播电视的关注度不像过去那样高，但是在发布重要的教育内容和信息时，广播电视仍具有较大的权威性。

（二）传统传媒载体的特点

第一，发展速度较快。传统大众传媒并没有因为网络等新传媒的出现而衰落，它的发展仍呈递增趋势。以电视为例，"截至 2009 年末我国的有线电视用户达到 17398 万户，比 2008 年的 16342 万户增加了 1056 万户；有线数字电视用户 6200 万户，比去年增加 1697 万户；广播节目综合人口覆盖率为 96.3%，比去年增加了 0.3%"。[①]据国家统计局于 2005 年 2 月 28 日公布的 2004 年国民经济和社会发展统计公报显示，截至 2004 年末，我国有"广播电台 282 座，电视台 314 座，教育台 60 个。全国有线电视用户 11470 万户。年末广播综合人口覆盖率为 94.1%；电视综合人口覆盖率为 95.3%。出版全国性和省级报纸 257.7 亿份，各类期刊 26.9 亿册，图书 64.4 亿册（张）。年末全国共有档案

[①] 龚晋娟：《大众传媒对"90 后"大学生思想政治教育的影响及对策研究》，博士学位论文，辽宁师范大学，2011，第 6 页。

馆 3982 个，已开放各类档案 5626 万卷（件）。"① 在当前，传统传媒载体也随着科学技术的发展产生了飞跃。以报纸为例，以前的报纸多是各种新闻的大杂烩，没有明确的栏目与分类，随着科学技术的发展及受众的变化，现代报纸版面多采取"专题化"的方式，一方面它可按不同的内容及题材分为时政、娱乐、健康、美食等板块，另一方面又可将重大紧急事件的报道独立成版及连载。这种专栏与板块划分为报纸的发展带来了新的生机。

第二，覆盖面较广。传统大众传媒的覆盖面较广，它"面对的是不定量多数的一般社会成员，其拥有的人数之多令人难以计数。不同的民族、不同的职业、不同的年龄、不同的性别、不同的文化程度、不同的兴趣爱好……大众传播所面对的'大众'是一个异常复杂的聚合体"。② 以电视媒介为例，2005 年湖南卫视"超级女声"节目创下了仅次于中央电视台一套的收视纪录。这一节目的覆盖面甚广，其观众上至中老年群体下至青少年群体，受众十分广泛。

第三，影响较深远。"政治生活离不开大众传播，党的路线、方针、政策、法律等都必须通过大众传媒向大众进行公开宣传，因此大众传媒在受众心目中具有权威的发言人作用。"③ 例如，中央电视台《感动中国》节目，主要介绍了我国各条战线上的英雄模范人物及其先进事迹，节目受众数量较大，影响甚广。电视媒介宣传、报道的影响力已经深入人心，这就是传统大众传播影响力的表现。

第四，权威性较强。与网络等新传媒载体相比，传统传媒载体传播信息权威性强，这为思想政治教育工作的开展提供了坚实后盾。长期以来，广播、电视、报刊等传统传媒载体，一直是宣传党的路线、方针、

---

① 国家统计局：《2004 年国民经济和社会发展统计公报》，http://www.stats.gov.cn/gongbao/comtent/2005/content_63175.htm。
② 戴元光、金冠军：《传播学通论》，上海交通大学出版社，2000，第 78 页。
③ 靳珠：《大众传播与思想政治教育载体研究》，硕士学位论文，西安电子科技大学，2006，第 1 页。

政策、法律、法规的主要阵地。可以说,传统传媒载体在受众心目中具有权威的发言人作用。利用传统传媒载体开展思想政治教育工作,可以增强对受教育者的说服力。

第二节 新兴思想政治教育载体

在我国,新兴思想政治教育载体主要是指改革开放后伴随着科技进步而出现的新传播媒介载体,简称为新媒体。"新"与"旧"总是相辅相成的,媒体也是如此。在汉代,中国就诞生了世界第一份报纸——《邸报》,1920年在美国诞生了世界第一个广播电台,1926年在英国诞生了世界第一台电视机……随着科学技术的变革,人类信息的产生和传播方式也发生着改变。正如郭庆光在其专著《传播学教程》中所指出的,人类的传播活动已经经历了四个发展阶段,即口语传播时代、文字传播时代、印刷传播时代以及电子传播时代。在这个历史发展过程中,各类媒介不是一个取代的过程,而是一个依次叠加的过程。新媒介是相对传统媒体而言,是建立在数字技术基础上,通过计算机网络、无线通信网、卫星等介质,利用计算机、手机、数字电视等终端,为人们提供信息和服务的传播形态。

新媒体的出现,无疑也为思想政治教育工作的开展提供了新载体。从思想政治教育角度看,新媒介载体可以分为三大类型:互联网新媒体(思想政治教育网络载体)、以手机为接收终端的媒体(思想政治教育手机媒介载体)以及数字电视载体(思想政治教育数字电视媒介载体)。

一 思想政治教育网络载体

网络是"集通信网络、计算机、数据库以及日用电子产品于一体的电子信息交换系统。它能使每个人随时随地地将文本、声音、图像、电视信息传递给设有终端设备的任何地方、任何人"。① 1987年9月，北京计算机应用技术研究所正式建成中国第一个国际互联网电子邮件节点，发出了中国第一封电子邮件，从此揭开了中国人使用互联网的序幕。此后，互联网以惊人的速度在全国迅速发展。互联网已成为人们获取信息的重要手段，越来越受到社会各界的关注，成为继报刊、广播、电视之后的"第四传媒"。据2015年2月3日中国互联网络信息中心发布的《第35次中国互联网络发展状况统计报告》显示："截至2014年12月，我国网民规模达6.49亿，全年共计新增网民3117万人。互联网普及率为47.9%，较2013年底提升了2.1个百分点。"②（见图2-1）

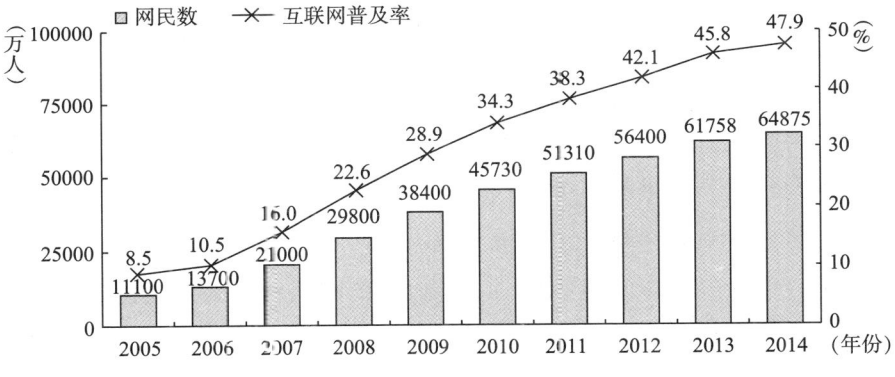

图2-1　中国网民规模与普及率

（资料来源：CNNIC《第35次中国互联网络发展状况调查统计报告》）

美国著名学者阿尔温·托夫勒曾说过，谁掌握了信息，控制了网络，谁就能拥有整个世界。由此可见，网络在信息传播中的重要性。思想政治教育载体的运用实质上就是把党和国家要求的思想政治教育的内容和信息有效地传输给受教育者，在这种信息传递过程中，网络无疑扮演着重要作用。面对着网络的普及，我们思想政治教育的工具也应因势

---

① 谢海光：《互联网与思想政治工作概论》，复旦大学出版社，2000，第1页。
② 中国互联网络信息中心发布的《第35次中国互联网络发展状况统计报告》。

利导，将网络吸纳到我们的思想政治教育载体系统之中。正如江泽民同志所指出的："要重视和充分运用信息网络技术，使思想政治工作提高实效性，扩大覆盖面，增强影响力。"① 在思想政治教育领域，网络载体即以"网络为载体"之意，就是把大量的思想政治教育内容和信息寓于网络之中，利用网络开展思想政治教育工作。

（一）思想政治教育网络载体的形式

网络载体在思想政治教育领域的运用，主要借助以下方式展开，即主题网站（包括红色网站）、BBS、Blog（思想政治教育专题博客）、网络游戏等。

第一，思想政治教育主题网站。主题网站是我国运用思想政治教育的一种基本方式。主题网站是宣传马克思主义理论、毛泽东思想与中国特色社会主义理论体系的网络阵地。主题网站种类繁多，不同的主题可以形成不同的网站。下面我们简单介绍几个有代表性的主题网站。

有关新闻类的主题网站，人民网②是典型代表。人民网是我国基本的新闻题材类主题网站，它运用多国语言向世界发布信息，是互联网上较有代表性的华语新闻网站之一。类似的新闻题材类的主题网站还有新华网、光明网等。

弘扬"民族精神"的主题网站，"民族魂"③最具代表性。"民族魂"是团中央联合中央党史研究室、中国社会科学院和国家档案局等建设的爱国主义教育网站，于 2001 年建党 80 周年前夕正式开通，被誉为网上人民英雄纪念碑和中国革命纪念馆。该主题网站原有三个栏目：青史有名、丰碑永驻、人民的怀念。后来该主题网站的栏目和内容逐渐丰富完善，建成了"孙中山纪念馆""毛泽东纪念馆""周恩来纪念

---

① 江泽民：《适应形势，大力加强和改进思想政治教育工作为改革开放和现代化事业提供动力与保证》，《中国大学生报》2000 年 6 月 29 日。
② http://www.people.com.cn/.
③ http://agzy.youth.cn/mzh/.

馆""邓小平纪念馆"等系列网站。"民族魂"逐步成为以"发扬民族精神"为主题的网上爱国主义教育基地。

弘扬"中国传统文化"的主题网站,"灿烂的中国文明"① 比较有代表性。该主题网站成立于 2003 年,是由香港特别行政区政府牵头创办的。它以跨学科、跨领域的编制模式,将中国传统文化精华编纂成 18 个系列 200 余个小专题,涵盖了中国古代哲学、文学、语言、历史、科学、艺术、宗教、经济等范畴,展示了中国文化的基本轮廓和发展规律。运用了新颖的技术手段,提供了大量精美的图片、动画、视频资料,并利用三维动态技术重现古物,图文并茂地演绎古老的中国文明。广大的受教育者通过浏览该主题网站,能够清楚地了解祖国丰富的历史文化。

介绍"政府工作"的主题网站,中国政府网②是代表。该网站共设有 13 个栏目。通过访问该网站,我们可以全面了解中国政府的机构设置、工作动态和相关政策等。

高校思想政治教育主题网站,即红色主题网站。据中国红色网站联盟的数据显示:自 1998 年清华大学建立起全国第一家"红色网站",到 2012 年 4 月底,中国红色网站已经达到了 1891 个③。在高校红色网站中,点击率较高的要数玉林师范学院的红叶网。红叶网在主页面上设置了 9 个一级板块(具体见图 2-2),12 个二级板块,来满足广大师生多方面的需要。

第二,思想政治教育 BBS(电子布告栏系统)。

BBS 是英文 bulletin board system 的缩写,译成中文即是"电子布告栏系统",它是互联网上的一种电子信息服务系统,可为网民提供一块公共电子白板,每个用户都可以在上面发布信息或表达意见。我国大部分 BBS 是由教育机构、研究机构或商业机构管理的。电子公告牌根据

---

① http://hxd.wenming.cn/cldzgwm/zgwm.htm.
② http://www.gov.cn/jrzg/.
③ http://www.redunion.org/index.asp.

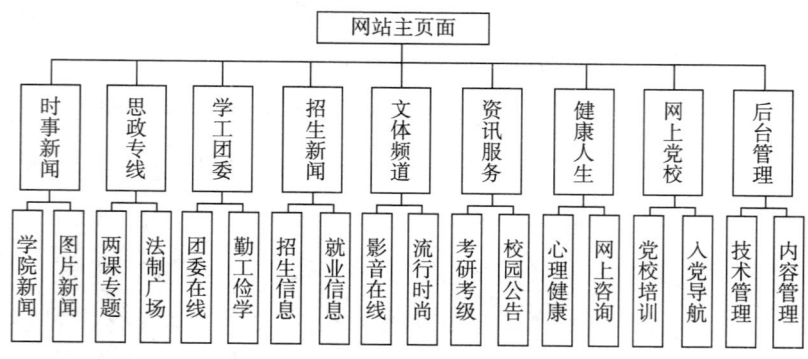

图 2-2　红叶网的板块设置

不同的主题及使用者的要求、喜好设若干个布告栏。在 BBS 上，使用者可以阅读到就某个主题他人的最新看法，也可以将自己的想法发表在公告栏中。大概在 1991 年，中国开通了第一个 BBS 网站，这是一个供计算机专业人士用以交流技术思想和检验自身计算机能力的有限平台。1995 年 8 月，清华大学建立了国内第一个高校 BBS——水木清华 BBS。随着计算机及网络的日益普及，国内高校校园 BBS 逐步地搭建起来。校园 BBS 以其开放性、平等性、互动性、娱乐性、学习性特点深受高校师生喜爱，逐步成为高校师生之间、学生之间进行思想交流的重要场所。

从 1996 年开始，BBS 即以其开放平等性、互动交流性、娱乐性与学习性相统一的特征迅速得到广大网民的支持，在国内得到迅猛的发展。校园 BBS 已经成为学生学习生活的重要组成部分，对其学习生活产生了重大的影响。据 CNNIC 的权威调查显示：36.57% 的受访者认为 BBS 对他们的思维方式影响最深，10.56% 的受访者认为 BBS 对他们的思想观念影响最深，还有 21.35% 的受访者认为 BBS 对他们的思维方式、思想观念、行为方式、学习习惯、价值取向、个性心理等都有不同程度的影响。①

---

① 中国互联网络信息中心：http://www.cnnic.net.cn/。

第三，Blog（思想政治教育博客）。

Blog 是 WebLog 的缩略词，中文译为"博客"，即"网络日志"之意，是指个人或团体将自己每天认为比较重要的事件、意见和信息等发布到 Web 上的一种流水记录形式，是一种网上日记。一个普通的博客如果主要用来保存传递思想政治教育内容和信息，即为思想政治教育博客，它是一个存储思想政治教育知识的仓库，给我们提供了一个新的开展思想政治教育工作的平台。思想政治教育工作者可以在这个平台上对有关思想政治教育内容的文章进行分类、管理和编辑，来访者（受教育者）可以浏览这些思想政治教育内容，同时可以留下自己对这些内容的认识和看法，思想政治教育者对博客内容进行编辑管理时可以看到这些留言，同时可以对这些留言进行回复。可见，思想政治教育博客和一般博客一样具有交流功能，它可以实现思想政治教育课堂上与网上的结合，为师生提供了一个分享、交流思想和知识的平台，它是新时期我们利用网络开展思想政治教育工作的一大创新。

南开大学的"晨钟博客"[①]，是一个很有代表性的思想政治教育博客。2006 年 9 月，南开大学创办"晨钟博客"，又被称作"红色博客"。该博客面对的对象不局限于南开师生，其他重视思想政治教育的人亦可浏览其网页并注册为其中一员。该博客的首页显示的是"让我们振此晨钟，使我活泼之青年，日日迎黎明之朝气，尽新世纪当尽之努力，人人奋发青春，求我理想之中华"的口号。博客里有学校政治课的教学安排，有关于马克思和恩格斯对共产主义理想的阐述，有马克思主义经典作家经典著作的章节内容，亦有歌颂爱情与青春的诗词，等等。综上可见，"晨钟博客"改变了过去思想政治理论课在学生心目中枯燥乏味的传统印象，调动了广大访客（受教育者）的学习积极性。

（二）思想政治教育网络载体的特点

网络载体与传统的思想政治教育手段在指导思想和目标上具有一致

---

① http://202.113.21.152/.

性，但又具有自身的特征，主要表现在以下几个方面。

第一，虚拟性。思想政治教育网络载体具有虚拟性，这是由网络的虚拟性决定的。网络载体的虚拟性主要表现在三个方面：网络空间的虚拟性、网络行为的虚拟性及网络中人的身份的虚拟性。网络是一个虚拟现实的自由空间，网络模糊了现实世界与虚拟世界的界限，人们在网络空间中交流、获取信息，但是我们还是要看到网络空间不是现实的有形空间，而是一个虚拟的共有空间。网络行为也具有虚拟性，网络上人的行为不能等同于现实生活中人的实际行为，特别是人们在网络游戏中的行为只是通过技术手段使人有身临其境的感觉，这一切并不是真实的存在。另外，网络中人的身份亦具有虚拟性，其身份往往不是真实的，上网者可以根据自己的喜好来设计自己在网络中的形象甚至性别。可见，网络的虚拟性特征满足了人的好奇心，可以把人的想象变成形象的多媒体界面，这一特点决定了思想政治教育者可以利用丰富的网络工具充分地发挥自己的想象力和创造力开展思想政治教育工作。

第二，开放性。互联网是一个开放性的系统，它用二进制的编码打造了可以承载全球沟通的形式。它能够使人们的沟通打破国界界限，能够跨越空间与时间的障碍而把世界人民用宽带联系起来。可见正是网络实现了全球化，世界各地的网民可以借助于这一平台进行自由的交流。人们进入网络，就如同深入了信息的海洋，各种信息都在以海量的规模进行传播。人们在这个海洋里可以便捷地查找到自己需要的信息，同时也可以为互联网注入自己喜欢的信息及内容。因此，以网络作为思想政治教育的载体，可以突破时空界限，思想政治教育者和受教育者可以从网络上方便快捷地调取思想政治教育信息并进行彼此的互动和交流。

第三，平等性。在诸如思想政治理论课程载体的运用中，思想政治教育者处于主导和权威地位，他的主要工作就是进行思想政治理论的灌输，受教育者在课程载体运用实践中处于被动地位，而思想政治教育网络载体真正实现了思想政治教育者与受教育者在身份上的平等。在现实生活中，由于人们的身份地位不同，在交往过程中可能存在着不平等的现象。而在网络世界中，由于网络空间的虚拟性与分散性，使网络世界成为上下级关系的相对平等的世界。在思想政治教育网络载体的运用中，思想政治教育者和受教育者既是思想政治教育内容和信息的接受者，同时又都是思想政治教育内容和信息的传播者、制造者，相互之间在思想政治教育内容的选择和接受上是完全平等的，任何一方都没有凌驾于对方的优势。因为，只要进入网络系统，世界各国的人们可以超越社会制度、思想体系、阶级特征等种种限制而共享丰富的网络信息，网络信息知识等资源再也不是只为少数人利用的具有私有性和独占性的资源，成为真正大众化的信息资源。网络载体的这一特点，要求当代的思想政治教育者只有摆正自己在思想政治教育载体实践中的位置，以平等的姿态与受教育者互动交流，才能落实思想政治教育的成效。

第四，互动性。建立在平等基础上的网络具有较强的互动性。从表面上看，网络使用者上网是一种人机互动，实际上是一种人与人之间的互动方式。网络在进行信息交流时具有平等性，这就促使网络交换能够突破传统社会交往中人与人之间交流存在差异的困扰，它以多媒体的形式进行交流，并且这种交流相对而言较少功利性，交流双方也没有太大的心理压力，可以针对一些共同感兴趣的话题进行交流互动。思想政治教育网络载体的这一特点，可以使人们丢掉传统的偏见，心情愉快地与他人交流互动，在互动交流中潜移默化地传递思想政治教育内容和信息。

二 思想政治教育手机媒介载体

根据工信部于 2015 年 4 月 29 日发布的最新数据显示，截至 2015 年 3 月底，我国移动电话用户总数达到 12.9 亿户，同比增长 3.6%，其中 4G 用户一季度增加 6000 万户，我国 4G 用户已达 1.6 亿户。手机是基于移动通信技术的负载、传播信息符号的个人移动信息终端。随着通信技术的发展，手机在我们的生活中，已经远远突破了传统的接听电话、收发短信的功能，彩信、WAP、手机报、手机电视和手机博客等手机信息业务获得飞速的发展，特别是 3G 时代到来后，手机被誉为继报纸、广播、电视、互联网之后的"第五媒体"。①

在思想政治教育领域，以手机作为思想政治教育载体，即借助于手机及其增值服务开展思想政治教育工作之意。目前，手机这一新兴思想政治教育载体在人们的生活范围内已经达到了较大面积的覆盖。据我们在高校这一特殊思想政治教育领域的调查显示：100%的高校学生（包括研究生和本科生、专科生）都拥有自己的手机，甚至有的被调查对象还有不止一部手机，手机已经成为高校学生手中的掌中宝：34.6%的受访者反映手机"在我生活学习中很重要"，61.6%的受访者反映手机"在我生活学习中重要"，3.1%的受访者反映手机"在我生活学习中一般"，0.7%的受访者反映手机"在我生活学习中不重要"，如表 2-2。

表 2-2　手机在高校学生中重要程度调查结果

手机在高校学生学习生活中的重要程度	很重要	重要	一般	不重要
百分比（%）	34.6	61.6	3.1	0.7

（一）思想政治教育手机媒体载体的形式

目前，手机媒介载体在思想政治教育领域的应用比较成熟的主要有手机短信、手机报、手机微博客、手机微信等。

第一，手机短信。手机短信是依托移动网络的一种信息传递方式，它是以手机为媒介，通过对文本或者图片加工的方式进行信息交流的通

---

① 徐世平：《网络新闻实用技巧》，文汇出版社，2002，第 51 页。

信平台，主要用于情感交流、资讯传递、交代事务等。1992 年，世界上第一条手机短信在英国通过电脑向手机发送成功。在近二十年的时间里，短信服务已从最初的 SMS（文本短信服务）跨越到 EMS（强型手机短信服务）与 MMS（多媒体手机短信服务），渗透到了人们生活的各个方面。手机由于其随身携带性，使得人际间的信息流动呈现自由的特质。目前，手机短信已从纯文本形式发展为文字、图片、声音、动画的多媒体形式，手机短信进入一个多彩的世界。

第二，手机报。手机报，是指依托手机媒介，由报纸、移动通信商和网络运营商联手搭建的信息传播平台，用户可通过手机浏览到当天发生的新闻。手机报是一种将传统纸质媒体与手机增值服务融合的新闻传播方式，即是将纸质媒体的新闻内容，通过技术平台发送到用户手机上供阅读。手机报传递的内容不止于短信息意义上的文字和图片内容，而是一个信息量巨大的数据包，这个数据包包含有文字、图片、声音、动画等内容。手机报摆脱了传统纸质报的时空限制，它具有随时、随地、随身的优势。截至 2010 年 9 月，我国手机报用户普及率达到 39.6%。

在思想政治教育领域，运用手机报开展思想政治教育工作已在一些领域和单位展开。比较有代表性的是北京大学艺术学院，该学院在校内率先创办基层手机报团刊——《艺彩纷呈》（该手机报的版面设计见图 2 - 3）。该刊物是一份半月刊手机报，定期以彩信形式向学院全体同学、老师发送。该手机报在北京大学 2008～2009 学年团属刊物评优活动中获得二等奖，受到广大师生的好评。

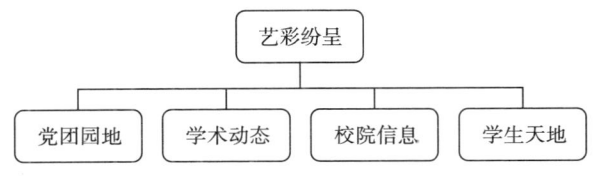

图 2 - 3 手机报《艺彩纷呈》的版面设计

第三，手机微博客。"微博"，即微博客（MicroBlog）的简称，是一个基于用户关系信息分享、传播以及获取的平台，用户可以通过WEB、WAP等各种客户端组建个人社区，以140字左右的文字更新信息，并实现即时分享①作为一种信息分享与交流的平台，微博非常注重其时效性，强调能够最先表达出最新动态和思想。随着3G和4G技术的发展，微博已经从传统的电脑终端延伸到手机终端，手机微博越来越受到人们的欢迎。"截至2014年12月，我国手机网民规模达5.57亿，较2013年增加5672万人。网民中使用手机上网的人群占比由2013年的81.0%提升至85.8%。"② 手机微博的普及，使思想政治教育内容和信息的传递有了一个创新型的平台，可以实现教育内容和信息及时便捷的分享。

第四，手机微信。微信是腾讯公司于2011年1月21日推出的一个为智能终端提供即时通信服务的免费应用程序，微信支持跨通信运营商、跨操作系统平台通过网络快速发送免费（需消耗少量网络流量）语音短信、视频、图片和文字，同时，也可以使用通过共享流媒体内容的资料和基于位置的社交插件"摇一摇""漂流瓶""朋友圈""公众平台""语音记事本"等服务插件。微信作为手机媒介载体的新生力量，靠着它功能的多样化和方便化，受到很多人的青睐，特别受到青年学生的喜欢。手机微信具有自媒体特征，经由它所传递的信息的真伪较难判断。由此可见，在思想政治教育工作中，手机微信是一把双刃剑，我们要好好地对其进行探索，才能做到为我所用。

第五，手机电视。手机电视是指利用具有操作系统和流媒体视频功能的智能手机观看的电视内容。手机电视开辟了一种不受时间和空间限制的信息传播渠道，使观众能够通过手机，以最快的速度观看最新的动态信息。手机电视具备电视媒体的直观性、广播媒体的便携性、报纸媒

---

① 刘勇：《基于微博的高校思想政治教育方式创新的思考》，《新疆职业教育研究》2011年第3期。
② 此数据来源于2015年《第35次中国互联网络发展状况统计报告》。

体的滞留性以及网络媒体的交互性。它既是对信息传播方式的有益补充，也是对传统电视媒体的挑战。对于青年受众而言，寓思想政治教育内容和信息于手机电视之中，可以起到"润物细无声"的作用。

(二) 手机媒介载体的特点

第一，便携性与普及性。

在思想政治教育实践中，运用手机开展思想政治教育工作，可以不受时空的限制。思想政治教育者只要携带手机，就可以随时随地地为受教育者传递思想政治教育内容和信息。这种便携性是任何其他思想政治教育载体所不能具有的优势，即便是思想政治教育网络载体，它的使用也要受特定因素的限制。唯有手机载体相当便携，它能够使人突破时空及各种实体因素的限制，只要思想政治教育者愿意，他可以边走路边向受教育者传递各种思想政治教育内容和信息。

普及性是指手机的受众人数较多。根据我国工信部 2014 年 3 月 6 日公布的数据，2014 年 1 月我国手机用户数量已经突破 12.35 亿，手机用户数量要远远高于个人电脑的普及度。手机网民规模达 5.57 亿。在思想政治教育领域，手机载体拥有比其他媒体更加宽广的传播范围。同时，由于手机的准入门槛低，资费也较便宜，而且随着 4G 时代的到来，手机上网大有取代电脑上网的趋势。因此，从长远看，手机载体无疑是我们开展思想政治教育工作的一个成本较低、受众广泛的传播载体。

第二，分众性与个性化。

以书籍、报刊、电视（电影）、广播为代表的传统媒体的生存与发展，都是遵循"同质化传播"路径展开的。即使是网络，它在思想政治教育内容和信息的注入与传播过程中也无法按照一对一的模式展开。随着受教育者个性化的发展，人的需要的差异程度不断涌现。手机载体的硬件终端是一对一绑定的，这就使得手机及其增值服务具有分众性。这种分众性，使得思想政治教育内容依托手机及其增值服务进行分众传播，即根据特定受教育者的需要进行专门的信息定制。而在此基础上进行思想政治教育内容和信息的传播也会更加人性化和个体化。在这个意义上讲,手机载体可以被看作一种分众媒体,分众在本质上是说一部手机对应一个使用人,直接面向每个使用人;而信息的使用人可以采用各种方式方便快捷地参与思想政治教育信息的反馈和再创造,让手机载体真正成为受教育者"自己的载体",其个性化的特点不言自明。

第三,一定程度的强制性。

手机载体在传递思想政治教育内容和信息时,具有一定程度的强制性,其他的传媒载体承载的思想政治教育信息往往需要受教育者主动获取,而手机载体则无须如此。因为一个拥有手机的受教育者,不可能长时间地关机或不携带手机,因此,思想政治教育者可以通过手机短信等形式将思想政治教育内容和信息强制性地传播给受教育者。同时,因为手机短信本身简短明了,以及手机屏幕造就的信息阅读点也较为集中,这就使得接受信息的用户在一定程度上被动地接受了强制性的信息。

第四,内容和形式的多媒体融合性。手机载体的信息传播方式,融合了报刊、电视、广播、网络等媒体的内容和形式,成为新媒体。譬如,手机与传统的电视结合,产生了手机电视;手机与网络结合,产生了手机上网。此外,手机还可以与其他信息传播媒体进行结合。因此,从媒体角度看,手机载体是整合了电视广播网络等媒体形式的一种新媒体,它的信息传播方式也实现了单向传播与双向传播、一对一和一对多及多对多等形式,打造出了一张复杂的传播网。

第五,互动性。手机媒介载体亦具有较强的互动性。"互动"一词近年来较频繁地出现在大众传播领域,中国人民大学的郭庆光教授认为,传播"实质上是一种社会互动行为"。[①] "互动就是在场的或在影响范围内的成分、物体、对象或现象相互改变对方行为和性质的作用。"[②]

---

① 郭庆光:《传播学教程》,中国人民大学出版社,1999,第3页。
② 吴镭:《互动传播的功能、效果刍议》,《金陵科技学院学报》(社会科学版)2006年第4期,第78页。

广播、电视、报刊等传统媒体的信息传播是单向的，受众对这些媒介信息的反馈大多是事后的、延时的，受众在这种信息传播过程中的地位也相对是被动的。随着互联网的出现，受众之间、受众与信息发布者之间的互动性不断增强。如今，随着手机逐步成为一种传播媒体，受众间的互动程度再一次被刷新。目前，手机载体的互动性日益受到人们重视，各大报纸、广播、电视节目开通手机短信平台就是一明例。在思想政治教育领域手机载体的运用过程中，思想政治教育者（信息传播者）和受教育者（受众）的身份变得日益模糊，思想政治教育信息的传播和接收几乎是同时完成的，人们在瞬时就可以在不同的角色间转换，每个人既是思想政治教育信息的发布传播者，又是思想政治教育信息的接收者，这一切都源于手机载体的互动性。正是手机载体的互动性给予手机的使用者拥有了自身在思想政治教育活动中的角色的自由，可以自主地掌握和控制思想政治教育信息，并主动地参与到思想政治教育信息的提供和传播之中。

三 思想政治教育数字电视媒介载体

（一）思想政治教育数字电视媒介载体的表现形式

思想政治教育数字电视媒介载体，即借助于数字电视媒介及其增值服务开展思想政治教育工作之意。数字电视媒介载体包括数字电视、互联网协议电视、移动电视与户外新媒体等。

第一，数字电视。

"数字电视（Digital TV，DTV）指节目信号的摄取、记录、处理、传播、接收和显示均采用数字技术的电视系统，包括了节目采集、节目制作、节目传播到用户端接收的全过程。"[①] 与目前使用的模拟电视相

---

① 石磊：《新媒体概论》，中国传媒大学出版社，2009，第 42 页。

比，数字电视不仅可以让观众接收到更高质量的电视信号，还可以使观众由被动收看转为主动点播，不再受节目播出时间的限制。随着有线数字电视的推广，中国目前的电视机将成为一个集公共传播、信息服务、文化娱乐、交流互动于一体的多媒体信息终端。截至 2014 年 10 月底，我国有线数字电视用户达到 17925.3 万户，有线数字化程度约为 80.02%。①

第二，互联网协议电视（IPTV）。

IPTV 全称是 Internet Protocol Television，中文名称是互联网协议电视，也叫交互式网络电视。按照国际电联的协议，IPTV 是指通过可控、可管理、安全传送并具有质量保证的无线或有线 IP 网络，提供包括视频、音频（包括语音）、文本、图形和数据等业务在内的多媒体业务；其中，接收终端包括电视机、掌上电脑（PDV）、手机、移动电视及其他类似终端。现阶段我国的 IPTV 特指通过可控制、可管理、具有质量保证的有线 IP 网，提供基于电视终端的多媒体业务。

IPTV 利用宽带网，以家用电视机（或计算机）作为主要终端设备，集互联网、多媒体、通信等多种技术于一体，是通过互联网络协议（IP）向家庭用户提供包括数字电视在内的多种交互式数字媒体服务的新技术。该技术以更为人性化和交互式的服务向用户提供海量的数字化信息。IPTV 是现行媒介组织结构中电视产业、计算机互联网产业和电信产业三方优势的集成，这种集成的优势就是 IPTV 核心竞争力所在。互动性是 IPTV 的重要特征之一，IPTV 用户不再是被动的信息接收者，可以根据需要有选择地收看节目内容。IPTV 颠覆了电视受众的"受众"定位与电视传媒的"传者"定位，使传播者与接收者之间的位置不再是固定的或先在规定的，而是不断互相共享的、变动的。

第三，移动电视。

移动电视是以数字技术为支撑，通过无线数字信号发射、地面数字

---

① 此数据来源于国家广电总局。

接收的方式播放和接收电视节目。它最大的特点是处在移动状态、时速 120 公里以下的交通工具上，保持电视信号的稳定和清晰，使观众可以在移动状态中轻而易举地收看电视节目。对于公交移动电视来说，"强迫收视"是其最大的特点。移动电视抓住了受众在乘车、等候电梯等短暂的无聊时间进行强制性传播，使得消费者在别无选择时被它俘获，这对于某些设计好的内容（比如公益广告）来说，传播效果更佳。

第四，户外新媒体。

户外新媒体，是指安放在人们一般能直观看到的地方的数字电视等新媒体，是有别于传统的户外媒体形式（广告牌、灯箱、车体等）的新型户外媒体，比如公交、航空、地铁、轻轨等场所衍生的渠道媒体——彩色显示屏、视频等。从思想政治教育角度讲，户外新媒体主要通过发布公益广告实现教育目的。

（二）思想政治教育数字电视媒介载体的特点

第一，较高的频带利用率和传输效率。

从技术角度讲，数字电视使频道资源大为扩展，我国的有线电视系统的标准带宽为 750MHz（可扩展到 1GHz），而采用模拟传输体制，每个电视频道要求的带宽是 8MHz，现在的模拟有线电视用户一般只能收到 50 个左右电视频道。采用数字电视传输体制，在 1 个 8MHz 带宽里可以传 6~8 套标准清晰度电视节目或 1 套高清晰度电视节目，大大增强了有线电视系统的传输能力和质量，使数字电视中传输的电视节目可达到 500 套之多，以满足不同行业、不同层次、不同爱好的观众的不同需要。

以数字电视非常发达的英国 BskyB（天空电视台）为例，在其娱乐频道中，又可以细分为音乐频道、电影频道、纪实频道、表演频道、赌博频道、流行频道、时装频道、成人信息频道；在经济频道里，又细分出财经频道、股票频道、房地产频道、购物频道；在体育频道里，又细分为足球频道、橄榄球频道、摔跤频道、拳击频道、高尔夫频道、棒球频道、篮球频道等；在其他的专业频道里，还细分有上帝频道、议会频道、国防频道等。从我国受众的角度来看，这种细分已经非常分众化，目标群体也非常集中了。但对英国人来讲还远远不够。于是，音乐频道里又细分出摇滚频道、古典频道、流行频道、乡村频道、爵士频道；电影频道里又细分出老片频道、新片频道、三级片频道；纪实频道里又细分为真实频道，探索发现、国家地理、历史频道；表演频道里又细分出戏剧频道、歌剧频道、舞剧频道；购物频道里又细分出时装频道、珠宝频道、家庭用品频道、汽车频道、科技产品频道；成人信息里又细分为声讯频道、视讯频道、广告频道，等等。如此细化，不仅做到了分众化，而且小众化也非常到位，内容上涉及较深较广的专业知识和实用信息，值得喜好各异的人为此而付出费用。

我们目前模拟有线电视频道还是以综合为主，虽然一些频道贯以"新闻频道""经济频道""影视频道"等，但实际上仍然是大杂烩。国家广电总局和业内人士都在为数字电视的节目做出努力。数字电视节目得到了一定程度的改变：出现了根据电视节目内容，根据不同的受众，进行频道分类细化，例如频道按照不同性别、不同身份、不同爱好的观众进行了细分，开设了适合各种不同年龄层、不同性别、不同身份的频道。频道细分化空前提高，每一个频道节目看来是主题相同、内容集中的。

第二，较好的图像质量和音响效果。

数字电视的视听效果与模拟电视的视听效果相比，数字电视的高质量数字信号稳定可靠，不会像模拟电视信号那样在传播中受到影响，一方面能够避免非线性失真对图像和声音的影响，消除了微分增益和微分相位失真引起的信号畸变；另一方面，数字信号通过再生技术和纠错编解码技术避免了传输过程中噪声积累，基本不产生新的噪声，保持信噪比基本不变，接收端视听质量基本保持与发送端一致，信号质量可以得到充分改善。高清数字电视的画面清晰度相当于看 DVD，伴音则相当于听 CD。

第三，传输网络及用户终端普及率高。

广电网络具有全国最大的网络和用户群，带宽资源也极为丰富，且是目前接入速率最高的网络。目前有线电视是我国家庭入户率最高的信息工具，在城市，几乎每家都有一或两台电视接收机；在农村，"村村通"工程也已经基本实现。利用广电网络和数字电视等技术开展远程教育，可以解决网络教学的成本、规模、用户接入、网络带宽等诸多方面的问题，为大规模开展远程教育和满足人们对先进文化的要求提供了一条物美价廉之路。

第四，信息丰富、功能强大。

在数字电视通信中允许不同媒体（文字、数据、声音、图像）、不同制式的信号在同一信道中传输，用同一台接收机接收。这样不仅使信息源更为丰富，还可以增加用户与各种信息源之间的交互性。数字电视便于开展多种信息服务，如用户可以自由点播节目、拨打可视电话、查询图文信息，实现电子商务、网上购物、网上教学、网上医疗、网上游戏等多种高速数据业务。此外，数字电视信号容易实现加密、加扰，有利于信息安全，便于开展各类收费业务。

第五，教育成本低。

利用数字电视开展思想政治教育工作，其成本较低。数字电视采用全数字化加密及传输技术，通过数字机顶盒受教育者就可以收看各类更新、更快的高质量的电视节目，可以实现在家里接受教育。在这种情况下，特定的思想政治教育者和组织，只要与当地有线电视运营单位密切联系，就可以实现远程思想政治教育了。数字电视清晰度高、音频效果好，数字电视不易受外界的干扰，避免了串台、串音、噪声等影响。

利用广电网络和数字电视技术开展思想政治教育，可以解决网络教学的成本、规模等诸多方面的问题，使最偏远农村的人民群众也能收看到教育节目，这就为从远程教育角度开展思想政治教育提供了一条物美价廉的途径。

第六，节目具有互动性。

模拟电视时代的电视节目是基于大众传播单向性的特点，具有明显的强制性，受众只能被动地接受，而数字电视的出现，使电视网站、交互电视的节目、股票行情与分析、视频点播等新业务的开展将变得更加容易，用户将从单纯的收视者变为积极的参加者。网络媒体之所以在人民群众心目中已经逐渐超越了传统媒体，就是因为其有互动性，未成年人觉得其听话，觉得自己可以参与，甚至可以在某个环节起决定性作用。数字电视媒体与传统媒体相比具有的最大优势就是能提供互动，能够增加未成年人的参与成分，理解、尊重他们的观点，在此基础上加以引导，而不是简单重复的说教。

鉴于上述数字电视具有各种优势，它可以成为我们开展思想政治教育甚至是开展远程思想政治教育的新平台，它可以使思想政治教育走进家庭，成为一种全民教育、终身教育的手段。应充分利用广播电视网络，采用先进的数字电视技术，整合其他技术及网络资源，为普及思想政治教育工作做出巨大贡献。

总之，和其他事物一样，思想政治教育载体也有它的历史、现在和未来。课程载体、管理载体、活动载体、以报刊广播电视为代表的传统传媒载体等都是我国长期以来行之有效的传统思想政治教育载体，改革开放后，随着信息技术及通信技术的发展，传统思想政治教育载体在信息技术革命中凤凰涅槃，焕发出新的生机与活力；此外，以网络为代表的新兴思想政治教育载体亦不断涌现。本章对现代思想政治教育载体基本表现形式的概括，为下文我们探索思想政治教育载体的整合运用奠定了一定的基础。

第三章

中国思想政治教育载体运用的历史与现状

思想政治教育载体的运用是一个复杂的实践过程，要总结思想政治教育载体的运用现状离不开对思想政治教育载体运用的历史考察。在古代社会人们就总结了大量关于思想政治教育载体运用的经验，现代社会，科技的进步更是为载体的发展和运用提供了物质基础，以网络为代表的新兴思想政治教育载体获得了广泛的运用。

第一节 思想政治教育载体运用的历史考察

列宁曾在研究社会科学问题时指出："不要忘记基本的历史联系，考察每个问题都要看某种现象在历史上怎样产生、在发展中经过了哪些主要阶段，并根据它的这种发展去考察这一事物现在是怎样的。"① "历史进程是受内在的一般规律支配的……而问题只是在于发现这些规律。"② 我们研究思想政治教育载体运用的历史，就是要从广阔的社会背景和历史视角去探索、总结思想政治教育载体运用的经验和教训，从

---

① 《列宁选集》第4卷，人民出版社，1995，第26页。
② 《马克思恩格斯选集》第4卷，人民出版社，1995，第247页。

而指导今天更好地落实思想政治教育载体的运用成效。

一 中国古代思想政治教育载体的运用

我国的古代社会,一方面是一个以农业为基础、以血缘为纽带的宗法社会,另一方面又是一个长幼有序、贵贱有等的等级社会。封建社会的统治者为了维护这种统治秩序,非常重视通过各种方式加强对民众的教化。这里的"方式"即是我们今天所说的思想政治教育载体。古代社会所运用到的思想政治教育载体主要有以下几种。

(一) 以言传道

以言传道,即以语言作为承载道德教化的工具和媒介,语言是我们最基本的思想政治教育载体。在我国古代思想政治教育实践中,语言的运用显得尤为重要。早在春秋时期,孔子就曾用"一言可以兴邦,一言可以丧邦"[1],指出语言在道德教化中的作用。《战国策》的开篇也同样形象地描述过语言在教育中的神奇效力:一人之辩,重于九鼎之宝;三寸之舌,强于百万之师。所以,我国古代统治者和教育者十分重视以言传道。《论语》就是以言传道的典范,《论语》为语录体,通篇出现最多的两个字就是"子曰",《论语》反映了儒家学说创始人——孔子,运用语言,通过谈话来宣扬其思想的情形。

(二) 以书载道

除了语言,中国古代社会的统治者还非常注重在书籍中注入反映统治阶级意志的思想,从而运用书籍对民众进行社会教化。我国古代社会最受统治者推崇的莫过于儒家思想,一些儒学书籍,如《诗》《书》《易》《春秋》等著作被统治者奉为"经",供世人传阅。同时,为了使反映儒家思想的经书内容得到普及,历代统治者还使用组织编写、普及

---

[1] 《论语·子路》。

蒙书（如《三字经》《百家姓》《千字文》）等手段，在民间进行大量的推广宣传，以便使儒家思想政治能够家喻户晓、妇孺皆知，从而达到运用儒家伦理道德对民众进行德行教化的目的。

（三）以行践道

古人云：读万卷书，行万里路。这里强调的是社会实践的重要性。在我国古代思想政治教育实践中，教育者也非常注重践履笃行。统治阶级让民众敬读著作，其目的还是要付诸实施，要力行。我国春秋时期的教育家孔子也非常看重"行"的重要性。他认为："始吾于人也，听其言而信其行；今吾于人也，听其言而观其行。"① 在这里，孔子通过个人经验告诉世人，判断一个人不能只听其言就信其行，而应该既听其言又观其行，只有言行一致，才能够判断一个行为的正误。整个封建社会的统治者都比较重视"行"即实践活动的教化作用。譬如，我国封建社会的祭祀活动相当普遍，历朝历代的皇帝在一些重要节日都要进行祭祀典礼，以表达对天地祖先的崇敬并求得保佑。《周礼》中就有"以祀礼教敬礼则民不苟"的内容，也就是通过祭祀活动使民众树立起对封建礼教的信仰，从而做到唯礼是从，不敢苟且。②

（四）以管化道

我国古代社会，也非常重视社会管理对民众的教化与训导作用。古代的社会管理主要是通过乡规民约（即乡约）、族规家训（即族训）等规章制度来实现的。以管化道，在我国古代的清王朝最为突出。清顺治帝专门颁布圣谕规定臣民必须遵守的行为规范，同时在全国农村设立乡约，宣示"孝顺父母，恭敬长上，和睦乡里。教训子孙，各安生理，无作非为"。这些乡约都成为民众必须遵守的道德行为规范。清圣祖康熙曾颁布《上谕十六条》，以此作为教化内容，同时还制定了相应的更

---

① 《论语·公冶长》。
② 毛礼锐：《中国教育史简编》，教育科学出版社，1984，第388页。

为严格的奖惩制度,以便保证乡约的实行。秦汉时期也比较注重基层管理的教化功能,在地方十里设亭,亭有亭长;十亭设一乡,乡有"三老"(古代掌教化的乡官,类似乡长)。同时,"三老"的职责专职化,主要工作就是发现乡内的孝子、贞女、义妇、疏财仗义等符合封建道德伦常的人和事,一旦发现就立刻奏请朝廷,以门堂挂匾、树立牌坊、修建祠堂等方式大事表彰。

(五) 以身明道

在我国古代社会,统治阶级非常重视模范人物即圣人的道德垂范作用。譬如,孔子就曾指出:"其身正,不令而行;其身不正,虽令不从。……不能正其身,如正人何。"[①] 在这里,孔子实际上要求统治者在治国的过程中,树立"圣人"的理想人格及榜样,以模范带头人物及其事迹为载体去教化民众,开启民智。孔子被历代王朝奉为"圣人",实际上就是古代统治者通过树立榜样来教化民众的典型例证。从西汉起,历代王朝就不断给孔子加封追谥,汉平帝追封孔子为公爵,称"褒成宣尼公"。唐玄宗李隆基加给孔子谥号"文宣",始称"文宣王"。元武宗年间加封为"大成至圣文宣王",后又称"至圣先师""大成至圣先师"等等。同时,孟子被尊为亚圣,颜回被尊为复圣,子思被尊为述圣。

(六) 文化载道

在我国古代社会,最受封建统治者推崇的便是儒学。儒学内容丰富,小到个人修养,大至治国安邦,但凡修身养性、为政治民、交友孝亲、为人处世等事,均可在儒家的经义中找到。在封建统治者眼里,很显然儒学具有"粉饰太平"的作用,即儒学有利于维护并巩固封建统治秩序。于是,在国家的推崇下,以儒学为主导的封建文化即儒家文化逐步贯彻到民众的日常生活之中,并对民众起到潜移默化的影响。尽管儒家文化是融政治于道德之中,但它毕竟是宣传封建统治阶级意志的重要手段,

---

① 程昌明译著,《论语》,山西古籍出版社,1999,第141页。

从一定意义上说就是政治教育,同时,儒学在对人的教化过程中特别强调人的思想的真正转变,这就使儒家文化具有了思想政治教育载体功能。

除以上提到的几种载体之外,我国古代社会的统治者还比较注重发挥宗教对民众的教化作用。当然,与西方国家相比,宗教在道德教化中的地位并不特别突出,但我国古代的统治阶级也从未放弃过宗教这种道德教化和约束作用。

综上可见,我国古代社会虽然朝代更替,但历代封建统治者特别注重运用多样化的载体,把反映统治阶级的道德观念和道德规范,渗透到人们生活之中,以达到对民众的社会教化。从上述我国古代思想政治教育载体的运用实践可以看出,其最显著的特点在于比较重视隐性思想政治教育载体的作用,即把大量的统治阶级的道德观念等教育内容和信息依附于各种民众喜闻乐见的事物或活动形式之中,潜移默化地实现对民众的思想政治教育。古代思想政治教育载体运用的经验,成为传统思想政治教育工作的重要组成部分,其中许多合理的东西对我们今天思想政治教育载体运用的创新仍具有十分重要的借鉴意义。

二 民主革命时期思想政治教育载体的运用

民主革命时期,中国共产党的总战略、总任务就是反对帝国主义、封建主义和官僚资本主义。党在民主革命时期的思想政治教育从宏观上看也是服从服务于党的总战略和总任务的。"在历史上出现的一切社会关系和国家关系,一切宗教制度和法律制度,一切理论观点,只有理解了每一个与之相应的时代的物质生活条件,并且从这些物质条件中被引申出来的时候,才能理解。"[①] 从中国近代社会的政治、经济、文化出发,中国共产党及其早期共产主义者紧紧围绕"革命"这一中心任务,

---

① 《马克思恩格斯选集》第2卷,人民出版社,2012,第8页。

利用报刊、创办补习学校等途径宣传马克思主义。

（一）利用报刊进行马克思主义宣传

民主革命时期，中国共产党在创立之前就比较重视运用报刊来宣传马克思主义。报刊无疑成为早期共产主义者宣传马克思主义的重要阵地，中国共产党成立后，也一样比较注重运用报刊等大众传播媒体开展思想政治教育。

1920年11月7日，上海共产主义小组创办了机关刊物《共产党》月刊，该刊物积极宣传马克思主义及共产党的知识，介绍了俄国革命经验及列宁的著作。同时，该刊还刊登了大量的文章以论证马克思主义理论适应俄国亦适应中国。1921年春，广州共产主义小组将《广东群报》（原是谭平山等人于1920年10月在广州创办的一个宣传五四新文化运动的报纸）改为其机关报，开辟专栏宣传马克思主义。1922年9月13日，中国共产党成立后创办《向导》周报，《向导》发刊词明确地阐明了它的办刊宗旨："推倒为和平统一障碍的军阀"，"反抗国际帝国主义的侵略"，号召国民为"统一、和平、自由、独立"而奋斗。[①] 此后，我党还创办了众多的报刊来加强马克思主义理论的宣传和发动工作，影响、鼓动了大量的青年学生、工农群众投身到革命实践中来。

（二）利用各种补习学校开展思想政治教育

中国共产党初创时期的主要任务是加强马克思主义理论的宣传并提高工人阶级的觉悟。在当时的环境下，举办各类补习学校成为宣传马克思主义理论的重要载体。在中共创建时期，补习学校得到了较快的发展，其中影响较大的有毛泽东创办的补习学校、京汉铁路沿线的补习学校等。在创办补习学校的过程中，中国共产党灵活运用这一载体，丰富了党的思想政治教育经验，为党的马克思主义宣传工作奠定了一定的理论和实践基础。

---

① 《本报宣言》，《向导》1922年第1期。

在早期的革命实践中，毛泽东就比较注重马克思主义与中国工人运动的结合，创办补习学校无疑是实现二者结合的良好途径。据一些资料显示，由共产主义者创办的较早的补习学校是毛泽东于1917年11月创办的工人夜校。

1917年，毛泽东在湖南一师求学时，就与一些进步同学创办了"学友会"，共同研究当时中国的现状及发展趋势。随后，他们便以"学友会"的名义，发起创办了工人夜校（或称工人夜学）。在工人夜校里，毛泽东结合工人当时的受教育状况，深入浅出地讲解了鸦片战争及以后的近代历史，在课堂上通过剖析阶级苦、民族恨来启发工人的阶级觉悟。

1920年，毛泽东从湖南一师毕业后来到一师附小工作，随后创办了民众夜校和青年补习班，通过大量的宣传吸收附近的贫苦工人来夜校学习。夜校在最基本的教字识数的基础上，通俗地为工人群众讲解社会发展的历史常识及马克思的剩余价值学说，以启发工人觉悟起来建立自己的团体，从而为自己的利益而奋斗。毛泽东在创办补习学校的过程中，体现了早期的马克思主义者从工人群众的实际利益出发，将思想政治教育的内容渗透于工人群众的日常生活学习之中，从而打造出了一个良好的思想政治教育局面。

（三）运用诉苦运动开展思想政治教育

民主革命时期特别是解放战争阶段，中国共产党特别注重通过开展诉苦运动加强对农民的思想政治教育，同时由诉苦运动中的教育性动员，向社会传输相关信息，以增强群众对党的方针政策的认同。诉苦运动当时主要包括三步，即"引苦"、"诉苦"和"论苦"。"引苦"主要通过特定思想政治教育工作者的引导，启发农民回忆自己受什么苦，同时初步认识到自己为什么受苦；"诉苦"就是引导农民在各种诉苦会议上把自己受过的苦公于地诉说出来，让农民相互交流过去受地主剥削的经历，吐出心中的苦水；而"论苦"则是在诉苦的基础上进一步引导农民认识到其受苦主要是由帝国主义及封建地主阶级的压迫剥削造成的,在这一阶段中共发动地主、富农出身的干部,揭发反动社会制度的没落与黑暗,从反面来教育群众,使群众知道封建阶级的本质及没落的前途。① 在诉苦运动中,农民的阶级意识逐步形成,同时,中国共产党所倡导的意识形态也强有力地深入乡村社会及农民群众的心田。

(四) 运用革命文艺开展思想政治教育

在民主革命时期,中国共产党特别注重思想政治教育与文艺的结合,充分发挥革命文艺的教育作用。在第一次国内革命战争时期,中国共产党就采取绘画、歌曲、戏剧及文学作品等群众喜闻乐见的形式对工农群众进行广泛的宣传教育。在古田会议上讨论如何对红军开展宣传问题时,也充分强调了文艺的重要性。正如毛泽东在古田会议指出的:"军政治部宣传科的艺术股,应该充实起来……化装宣传是一种最具体最有效的宣传方法。"② 1940 年,毛泽东在《新民主主义论》中再次强调了革命文艺的育人作用,他指出:"革命文化,对于人民大众,是革命的有力武器。革命文化,在革命前,是革命的思想准备;在革命中,是革命总战线中的一条必要和重要的战线。"③ 1942 年,在延安文艺座谈会毛泽东号召要用文艺的形式宣传革命的思想,文艺工作要立足于人民大众及其接受程度,"无论高级的或初级的,我们的文学艺术都是为人民大众的,首先是为工农兵的,为工农兵而创作,为工农兵所利用的"。④ 这就要求文艺工作者的创作要立足人民群众的基本立场,要深入群众及其生活,要反映广大人民群众的要求和愿望,力争做到"政治和艺术的统一,内容和形式的统一。革命的政治内容和尽可能完美的

---

① 中国人民解放军政治学院党史教研室编《中共党史参考资料》第 11 册,中国人民解放军政治学院,1979,第 187~189 页。
② 李清华:《中国思想政治工作全书》,中国人民大学出版社,1990,第 212 页。
③ 《毛泽东选集》第 2 卷,人民出版社,1991,第 708 页。
④ 《毛泽东选集》第 3 卷,人民出版社,1991,第 863 页。

艺术形式的统一"。① 在主革命时期，中国共产党运用革命文艺加强党的理论宣传效果非常好，有很多同志正是观看了戏剧《白毛女》，阅读了《母亲》《毁灭》《铁流》等进步小说而得到革命思想的启迪，走上了革命道路。

可见，在新民主主义革命时期，我党的思想政治教育工作主要是与实际的革命斗争相结合，运用的载体形式多样，运用的过程中亦十分注意受教育者的愿望和要求，方法上也主要以潜移默化的引导为主，即在载体运用中多以隐性思想政治教育载体为主。

三 社会主义革命和十年社会主义建设时期思想政治教育载体的运用

新中国成立初期，党和国家的主要工作任务一方面是继续完成民主革命的遗留任务，另一方面是积极地为完成社会主义革命走向社会主义奠定一定的基础。因此，这一时期的思想政治工作一方面是适应党的工作重心的转变开展党内的思想政治教育，另一方面是探索思想政治教育的社会化。这一阶段，党和国家运用到的思想政治教育载体主要包括整风运动、"三反"运动、说服教育（谈话载体）等。

（一）通过整风运动和"三反"运动开展思想政治教育

1950年，针对部分党员不能保持谦虚谨慎的现象，我党开展了一次党内整风运动。这次整风运动，主要着眼于解决部分党员进城后经不住考验而出现的享乐主义和官僚主义作风问题，帮助部分党员克服官僚主义。1951年，针对贪污、浪费及官僚主义问题，我党又开展了一次"三反运动"，清除了以刘青山、张子善为代表的一批堕落分子，帮助党员抵制了资产阶级腐朽思想的侵蚀，敲响了共产党人先进性的警钟。

---

① 《毛泽东选集》第3卷，人民出版社，1991，第869~870页。

通过这两次活动,部分党员的先进性和马克思主义理论水平都得到了提高。

(二) 通过"说服教育"的方式开展思想政治教育

无论是在新中国成立初期还是在社会主义革命时期,中国共产党都非常注重"说服教育"在思想政治教育工作中的作用。1956年1月25日,毛泽东在最高国务会议上指出:"在我国的条件下,用和平的方法,即用说服教育的方法,不但可以改变个体的所有制为社会主义的集体所有制,而且可以改变资本主义所有制为社会主义的集体所有制。"①当时,说服教育的方式很多,可以通过参加土地改革等社会变革实践实现,可以通过社会主义改造中的各类典型去示范。"说服教育"方式的使用可以让受教育者在政治活动中产生"当家做主"的感受,坚定走社会主义道路的信念。

(三) 通过榜样教育开展思想政治教育工作

十年全面建设社会主义时期,全国各条战线涌现了一批先进个人和先进集体,党的思想政治教育及时地发现并总结他们的先进事迹,在全国大张旗鼓地进行宣传教育,号召人们向他们学习,发扬共产主义精神,从而焕发出巨大的建设社会主义的精神力量。这一时期的榜样教育工作主要有以下几个方面:一是掀起宣传学习雷锋的热潮;二是宣传学习焦裕禄的模范事迹;三是大力宣传学习"铁人"王进喜精神等。

(四) 通过革命文艺鼓舞人

在我党"百花齐放、百家争鸣"方针的导引下,许多知识分子振奋精神,文艺创作取得了丰硕成果。1958年至1959年先后产生了《创业史》《红旗谱》《红日》《青春之歌》《林海雪原》《红岩》等长篇小说,以及一些优秀话剧和电影,如话剧《关汉卿》《红色风暴》,电影《林则徐》《林家铺子》等。

---

① 《毛泽东文集》第7卷,人民出版社,1999,第2页。

新编历史剧的创作在这一时期也形成了新中国成立以来的首次高潮，先后出现了京剧《谢瑶环》《海瑞罢官》，昆曲《李慧娘》等优秀历史剧作品；反映近代革命历史的作品则更为兴旺，如故事片《暴风骤雨》《甲午风云》，舞剧《小刀会》，歌剧《洪湖赤卫队》《江姐》等。

此外，现代戏曲方面，也涌现出了一批深受民众喜爱的优秀作品，如《红灯记》《奇袭白虎团》《红色娘子军》《智取威虎山》以及话剧《刘胡兰》，湖南花鼓戏《打铜锣》《补锅》，楚剧《双散子》、汉剧《借牛》等。

四 改革开放新时期思想政治教育载体的运用

改革开放初期，邓小平明确指出，思想政治教育要紧密结合党的中心工作，紧密结合业务工作，紧密结合教育对象的思想实际，"我们一定要把思想政治工作放在非常重要的地位，切实认真做好，不能放松。这项工作，各级党委要做，各级领导干部要做，每个党员都要做。要做得有针对性、细致深入和为群众所乐于接受"。[①] 1988年召开的十三届三中全会中明确提出要把寓教于文、寓教于乐，寓教于种种健康有益的活动，作为思想政治教育工作的重要方法。[②] 这一时期，我国思想政治教育载体的运用，一方面继承了历史上的优良传统，如紧密结合文学艺术、强调领导干部和教育者以身作则等方式；另一方面，又有了新发展、新突破。主要表现在以下方面。

（一）思想政治教育与经济工作、业务工作相结合

改革开放后，党和国家的工作重心重新转换为经济建设。这一时期的思想政治教育工作载体也是紧紧围绕经济建设并与具体的业务相结

---

① 《邓小平文选》第2卷，人民出版社，1994，第342页。
② 张蔚萍：《思想政治工作史》，中国方正出版社，2001，第286页。

合。这就要求思想政治教育工作融汇于各个部门的具体业务活动之中，在日常的经济工作和业务工作中，全面提高人的素质，培育良好的工作作风。邓小平同志经常强调思想政治教育要落实到经济上、业务上和群众的利益上，政治工作不能搞运动，要插到经常工作主要是经济工作里面去做，一定要坚决执行"双百""三不主义"。改革开放的新的历史时期，为了将思想政治教育工作落实到具体的业务工作之中，我们还创造了一些好的做法，其中最值得一提的要数开展社会主义劳动竞赛。1983年，《国营企业职工思想政治工作纲要（试行）》中明确提出要把兴办多种形式的社会主义劳动竞赛活动同思想政治教育工作结合起来，使职工在生产劳动中受到良好的思想政治教育。

（二）思想政治教育与制度、管理相结合

邓小平同志曾说，有了一个好的制度，好人可以充分做好事，坏人无法做坏事，没有一个好的制度，好人不仅无法做好事，有时还会变坏。这充分说明了制度和管理在提高人们的道德水平中的作用。运用制度载体和管理载体开展思想政治教育工作也是改革开放后我国思想政治教育载体运用的一大突破。建立和完善有关的法律、法规和制度，通过学习持之以恒的严格管理，把他律转化为自律，可以逐步提高人的道德水平。

（三）思想政治教育工作渗透到各种社会活动之中

运用丰富多彩的社会活动，让群众在参与社会实践活动的过程中受到感染和教育，这也是改革开放新时期党和国家开展思想政治教育工作的途径之一。1983年，《国营企业职工思想政治工作纲要（试行）》明确提出要把思想政治教育与业务文化体育活动有机地结合起来，让丰富多彩的文化体育活动承载更为丰富的思想政治教育信息。同时，该纲要还指出要把思想政治教育与读书活动结合起来，以便使广大的职工在紧张的生产劳动之余得到高尚的精神享受。

（四）抓好"三观"教育这个根本

思想是行动的先导。正确的世界观、人生观和价值观，是人们正确的思想和行动的基础和前提，也是我们积极推进社会主义现代化建设的思想基础。改革开放是一场改变中国传统面貌的深刻社会变革，必然会引起中国社会各个领域的重大变化。

在思想政治教育领域表现为：人的竞争意识、效率意识、民主法制意识、创新意识明显增强；人们思想活动的独立性、选择性、多变性、差异性明显增加；市场经济活动存在的弱点及其带来的消极影响，反映到人们的思想意识和人与人关系上来，容易诱发自由主义、分散主义和拜金主义、享乐主义、利己主义；国外资产阶级的腐朽思想乘虚而入和我国长期存在的封建主义残余思想沉渣泛起等，归根到底，就是人们的世界观、价值观发生着重大变化。为了抓好"三观"教育这个根本，党组织了丰富多彩的"三观"教育活动，取得了显著的成绩，积累了宝贵的经验。主要是：

第一，把引导人们树立正确的世界观、人生观和价值观作为思想政治工作的根本目标来抓，从各个具体内容的教育入手，从树立正确的世界观、人生观、价值观着眼。第二，在宣传思想工作中坚持以科学的理论武装人，以正确的舆论引导人，以高尚的精神塑造人，以优秀的作品鼓舞人。坚持社会主义、集体主义的价值目标导向；大力宣传并认真抓好以为人民服务为核心，以集体主义为原则，以"五爱"为基本要求的社会主义道德建设。第三，大力发挥先进典型的示范作用。第四，引导人们自学马列主义、毛泽东思想和中国特色社会主义理论，掌握马克思主义的立场、观点和方法。

此外，这一时期，党和国家也比较重视在精神文明建设活动中承载传递思想政治教育内容和信息，"五讲四美三热爱"活动就是一个典型。这是我国在20世纪80年代掀起的一场社会性的精神文明建设活动。它最初是由全国总工会、共青团中央、全国妇联、中国文联、中央爱国卫生运动委员会、全国学联、全国伦理学会、中国语言学会、中华全国美学学会九个单位，联合向全国人民特别是青少年发出倡议，开展"五讲四美"活动。其中"五讲"是讲文明、讲礼貌、讲卫生、讲秩序、讲道德；"四美"是心灵美、语言美、行为美、环境美。这一倡议受到中央领导的重视，1981年2月28日，中共中央宣传部、教育部、文化部、卫生部和公安部发布《关于开展文明礼貌活动的通知》。该通知对"五讲四美"活动给予充分肯定和赞扬，指出："这是我国社会主义精神文明建设的一项重要工作和具体形式"，要求各级宣传和教育、文化、卫生、公安等部门，积极支持各群众团体开展文明礼貌活动，并把它作为当前建设社会主义精神文明的一件大事，认真抓好。

第二节　思想政治教育载体运用的成就

一　坚持了马克思主义的主导地位

思想政治教育载体是承载、传递思想政治教育内容的媒介。作为一种承载、传递信息的工具，思想政治教育载体本身是无方向性可言的，但思想政治教育载体的运用是一种具体的思想政治教育实践活动，具有明确的方向性。因为，资本主义国家思想政治教育载体的运用服务于资本主义制度；社会主义国家思想政治教育载体的运用服务于社会主义制度。我国思想政治教育载体的运用，在承载和传递的内容上，始终坚持了马克思主义的指导地位，不断地结合时代要求，将反映时代潮流的内容及时融入思想政治教育载体之中，巩固了马克思主义的主导地位。这可以从相关的调查报告中得出结论。2008年，《学校党建与思想教育》刊物上发表了一篇名为《多元文化背景下大学生主流思想状况的调查与思考》的文章，这是一篇关于大学本科生信仰状况的调查报告，该篇的调查以上海市八所高校的大学本科生为受访对象。问卷内容中，在被问及"您的政治信仰是什么"时，约有 80% 的受访大学生回答"社会主义和共产主义"；在被问及"马克思主义对我国现代化建设的根本指导作用"的认可程度时，约有 80.3% 的受访大学生选择"赞同"和"基本赞同"①。这一调查结果说明：在高校这一特殊的思想政治教育领域，思想政治教育载体的运用效果显著，马克思主义始终在我国意识形态领域占据优势地位，马克思主义一直是大学生的主导精神信仰。以此推广至全社会，思想政治教育载体的育人成效还是非常显著的。

二　拓宽了发挥影响的覆盖面

（一）向边远农村和山区延伸

随着科学技术的迅速发展，思想政治教育载体运用的覆盖面不断拓宽，一些形式灵活的思想政治教育载体，譬如，文化载体和大众传媒载体的运用已经逐步推广到边远山区、牧区。下面这个例子足以说明这一现象："1999 年，地处武陵山区深处的重庆市黔江土家族苗族自治县还是一个急需文化扶贫的边远山区，青杠和六寨两个村，共计 422 户、1484 口人。除了 21 户（70 口人）有电视外（占总户数的 4.9%），其余的 401 户、1414 口人，多年来听不到广播，看不到电视、电影，也读不到报纸书籍（没有图书室），处在完全封闭的境地，与山下城内是两个天地，加强山区文化设施建设成为迫切的需要。"② 如今，重庆黔江区斥资 1.7 亿元，建成了体育场、体育馆、民族文化宫、民族博物馆组成的文体中心及万米河滨健身长廊。此外，截至 2008 年年底，黔江

---

① 石书臣、靖守侠：《多元文化背景下大学生主流思想状况的调查与思考》，《学校党建与思想教育》2008 年第 3 期，第 19 页。
② 王绍明、黄正成：《边区山区农民急盼文化扶贫》，《中国民族》1999 年第 3 期，第 32 页。

区有线电视用户达3.5万户，全区广播人口覆盖率达75%，电视人口覆盖率达96.98%。2006年9月至2009年6月，全区"农村电影放映惠民工程，放映电影9068场，覆盖率达100%"。①

（二）向网络空间拓展

随着通信技术及网络技术的发展，网络在人们日常生活中越来越重要，日益发展成为交流的虚拟平台。不仅网络载体自身获得了突飞猛进的发展，而且其他类型的思想政治教育载体也深入到网络空间。近年来，网络思想政治教育平台建设取得显著的成绩，各种主题网站、思想政治教育论坛、红色短信、思想政治教育博客已经初具规模。据我们在"中国红色网站联盟"所获取的资料显示：已有1891个网站加入该联盟，该联盟的点击率也达到877924人次。从网络载体的发展速度中可以看出，思想政治教育载体在网络这个平台上已经全面铺开。信息化时代，网络又为思想政治教育载体功能的发挥提供了一个新的空间与平台。

三 提升了运用过程中的互动性

改革开放以来，随着科学技术的发展及主体间性思想政治教育理论的提出，思想政治教育载体的运用亦较为注重教育者之间、受教育者之间及思想政治教育者和受教育者之间的互动和交流，取得了较好的成绩。

（一）思想政治教育载体运用过程中教育者之间的协作增强

在传统的思想政治教育实践中，思想政治教育载体的运用主体通常是专职的思想政治教育工作者，囿于其专业知识和载体运用水平的局限，往往影响到思想政治教育载体的育人效果。随着时代的发展、科技的进步及学界有关思想政治教育主体问题研究的深入，思想政治教育载体的运用主体逐步超越个体的限制，逐步形成一支团结的团队。他们

---

① 《黔江：打造渝东南民族文化中心》，《重庆日报》2009年10月21日。

作为思想政治教育载体的运用者，能及时地进行沟通和协作。譬如，他们可以就思想政治教育载体的运用方略进行专门的探讨；就思想政治教育载体运用过程中的问题与困难进行磋商；就思想政治教育载体运用的效果及经验进行科学的总结与交流等。总之，在思想政治教育载体运用实践中，思想政治教育载体的运用主体即教育者之间的沟通协作逐步增强，有助于取长补短，共同推进思想政治教育载体运用成效的提升。

（二）思想政治教育载体运用过程中受教育者之间的交流影响力提高

在思想政治教育载体运用实践中，教育者是载体的运用主体，而受教育者同是载体运用的接受主体。长期以来，受教育者在载体运用中主体地位虽然被忽略。但纵观改革开放以来载体运用的实践，我们也不难发现，受教育者逐步地在根据自身的既有知识素养及体验，将教育者传导的思想政治教育信息进行相互的交流，从中获取一些有益的影响。例如：在课程载体运用的过程中，受教育者在课堂上可以就某一主题的思想政治教育问题，站在各自既有的知识基础上展开讨论，从而在受教育者间产生观点的碰撞和交汇。在课堂之外，受教育者还可以在网络平台上，针对某些热点问题，通过在BBS上发帖、看帖、评帖来进行观点的交流，从而形成受教育者这一同辈群体间相互影响、相互教育的互动局面。可见，在思想政治教育载体的运用实践中，一方面，思想政治教育内容通过受教育者的互动交流得以传播；另一方面，受教育者在载体运用过程中的互动交流，巩固了受教育者对思想政治教育内容和目标的认知。

（三）思想政治教育载体运用过程中教育者和受教育者之间的信息反馈更通畅

随着科技的发展及以人为本理念的贯彻，思想政治教育载体的运用逐步改变了过去教育者到受教育者的单向传输模式。具体表现为受教育者借助于载体及时地向教育者进行信息反馈，而教育者则对受教育者的信息反馈给予更多的关注，营造了思想政治教育者和受教育者交流与互动的民主氛围，开辟了更多的信息反馈渠道（譬如网上意见征集等），这样就可以参考受教育者的建议及时调整思想政治教育载体的内容和形式。另外，值得提及的是，在思想政治教育载体运用实践中，有时还会出现思想政治教育者和受教育者的界限不像以往那么分明，甚至同为思想政治教育者和受教育者的情况。例如，一位网友在国庆节期间创作的短信："小小短信凝聚我的心，祖国母亲，我爱你！祖国，你收到请回复"。这一短信在幽默的同时，显示了作者对祖国深厚感情。该短信被很多人转发。在这一短信转发的过程中，没有特定的思想政治教育者和受教育者，人们通过短信的编辑、转发与阅读，就可以较频繁地传递思想政治教育信息，并加强了双向的互动。

第三节　思想政治教育载体运用的不足

改革开放后，随着科技的发展，新兴思想政治教育载体不断涌现，再加上社会的发展，受教育者的思想实际也发生了重大变化。这就给思想政治教育载体的运用带来了巨大的挑战。我们在总结思想政治教育载体运用的经验时，也应该看到我们运用过程中的问题。只有找出问题及不足，我们才能有针对性地解决问题。

一　思想政治教育载体的运用存在单一性和随意性

20 世纪 80 年代以来，迅速发展起来的计算机技术，由只能处理文字，发展到能处理声音和图像，形成了集计算机技术、声像技术和通信技术为一体，融文字、图像、音响于一体的交互式网络，这为思想政治教育提供了一种全新的载体，丰富了实践中思想政治教育载体的形式，有利于增强思想政治教育的形象性和吸引力。但由于思想政治教育载体理论研究的滞后，加之思想政治教育者运用载体的能力欠缺等因素，导致思想政治教育载体在运用过程中存在一定程度的盲目性和随意性，影响了思想政治教育载体功能的发挥，甚至产生一些负面的影响。

（一）思想政治教育载体运用过程中的单一性

随着科学技术的发展和思想政治教育载体开发建设的逐步完善，为了实现同一思想政治教育目标，思想政治教育者可以运用多样化的思想政治教育载体形式。然而，在具体的思想政治教育实践中，部分思想政治教育者在运用思想政治教育载体时往往存在形式比较单一的现象。譬如，在企业思想政治教育领域，针对企业员工工作积极性不高的心理问题，部分企业领导往往采用比较单一的管理载体对受教育者施加正面的压力，而忽视了其他思想政治教育载体的激励、示范作用。再譬如，进行爱国主义教育时，一些思想政治教育工作者只知道像传声筒一样重复列出关于爱国主义的论述，而不引导企业员工进入这个生机勃勃的社会并了解社会主义国家的可爱之处，不用多种的方法和手段去培养、去促进这种感情的形成。

这一现象的存在是由于部分思想政治教育者驾驭各种思想政治教育载体的能力较弱造成的。不同特点的受教育者、不同场合、不同的问题，就应该选择运用不同种类的、有针对性的载体，这样才能收到良好的教育效果。单一载体的运用实践，往往调动不了受教育者的积极性和参与性，思想政治教育载体运用的效果自然要打折扣。

（二）思想政治教育载体运用过程中的随意性

在当前的思想政治教育实践中，部分思想政治教育者认为思想政治教育效果的显示是缓慢的、隐性的，因此在思想政治教育载体的选择、设计和运用上存在较大的随意性。这种现象主要表现在两个方面。

一是偏于求多，不注重教育效果。人的思想千差万别，每次教育的内容也各异，这要求运用思想政治教育载体要有一定的针对性。有的教育主体，无论搞什么教育，面对什么样的思想情况，都认为思想政治教育的载体越多，效率自然就越高，效果自然就越好，不懂得"坚车能载重，渡河不如舟"的道理，缺乏根据不同的教育对象和教育内容有针对性地选择最有效载体的技能。

二是单纯求新求奇。有的教育者在运用思想政治教育载体时只追求新颖奇特，例如，电视录像是一种新的载体，但不仅不能用内容不健康的录像，而且即使可以用作教材的录像，也有个科学运用的问题。就拿进行廉政教育来说，过多组织观看反腐败录像，过多运用反面教材，有时会使某些思想作风本来比较单纯正派的人变得复杂了，甚至走上歧途。这就是主观上教育人、客观上却产生了误导或诱变的作用。运用思想政治教育载体绝对不是万金油随便擦，而是要勤于思索，精于选择，巧于安排，工于操作。可见，运用思想政治教育载体的过程就是科学创造的过程。

二 思想政治教育载体的运用存在娱乐化和形式主义倾向

（一）思想政治教育载体运用的"娱乐化"倾向

思想政治教育载体运用的"娱乐化"倾向在活动载体和新兴思想政治教育载体中表现最为突出。时下比较流行的红色旅游、"重走长征路"等思想政治教育载体，在运用的过程中，一游了事，不对受教育者进行思想的升华，教育的效果就无从保障。新兴思想政治教育载体中的新宠手机媒介载体，作为一种最为新颖的思想政治教育载体形式，备受思想政治教育者的关注，特别受到了高校思想政治教育工作者的青睐。这种新颖的思想政治教育载体在运用的过程中，必须坚持科学理论的指导，必须以较为审慎的态度去操作，否则这项教育活动便会打上

"娱乐"的标签。譬如，在高校思想政治教育领域，众多高校举办的"选美"大赛、"歌唱"大赛，更倾向于学生的感官享受，存在偏重于娱乐性的倾向。

（二）思想政治教育载体运用的形式主义倾向

在思想政治教育实践中，载体只是一种工具，它是为思想政治教育工作服务的。在思想政治教育载体的运用过程中，如果不注重内容而片面追求形式，载体就必然成为与思想政治教育无关的一种"修饰"、一种"表演"。随着计算机网络技术的发展以及手机的普及，许多思想政治教育工作者片面地追赶"时髦"，为了节省成本，通过所谓的"手机短信"、"QQ"等通信工具，代替传统有效的谈话载体，来做个别学生的思想政治工作，美其名曰新载体，但其效果甚微。

思想政治教育载体运用的形式主义趋向，还表现为载体运用过程中的"一刀切"现象。根据不同地区的情况和不同教育对象以及不同的教育内容，确定和运用思想政治教育载体，是运用思想政治教育载体的一个基本原则。

三 思想政治教育载体运用缺乏规划性和连续性

（一）思想政治教育载体选择设计上缺乏规划性和整体性

思想政治教育载体的运用是一项科学化的实践活动。在这项活动中，载体的选择设计亦需要科学化。这就要求对思想政治教育载体的选择设计进行理论论证；对载体的运行进行科学的指导和监督；对使用的不同载体之间的关系做出界定；对不同载体的运作过程进行协调，最终建立载体选择设计的完善系统，使各种载体在特定思想政治教育目标的导引下凝结成一个整体，最大限度地提高思想政治教育载体的育人效果。

当前，我国社会的转型还没有完全实现。思想政治教育的远大目标与受教育者的个人利益之间还存有矛盾冲突之处。在这种情况下，恰当地选择设计思想政治教育载体是一项颇具挑战性的工作。思想政治教育载体的设计更容易出现失范的特征。不仅思想政治教育载体的设置缺乏科学论证，而且同一时期具体思想政治教育载体之间的目的分歧较大，彼此之间的运作难以协调，这势必要产生思想政治教育载体之间的耗散现象。思想政治教育载体设计的失控，载体运作功能的低下，既破坏了载体自身的完整系统，又阻碍了载体设计的科学化进程。

（二）思想政治教育载体运用的更迭上缺乏稳定性和连续性

任何事物的发展都需要有一定的速度，但决不能说速度越快越好。速度的快慢必须同事物发展的过程相适应，还要与事物自身的稳定性维持相应的平衡，否则就会造成连续性、稳定性、继承性的破坏，事物发展的过程不仅难以控制，而且事物发展的未来趋势难以预见。改革开放以来，伴随着经济的快速发展，企业思想政治教育载体的设计出现了突飞猛进的发展势头，不仅涌现出众多的评选竞赛类载体、纪念类载体、社团类载体，等等，而且载体的持续作用时间偏短，载体的主导地位更换速度明显加快，这不仅使思想政治教育者应接不暇，也令企业员工眼花缭乱，容易出现被动顺应的赶潮流式的参与现象，客观上加大了企业员工对载体的适应难度。思想政治教育的内容、方式及方法要变革，同时思想政治教育载体设计也要以当代企业员工的时代特征为依据。只有针对企业员工思想道德发展过程中出现的问题，有的放矢地建构思想政治教育载体，着眼于提高思想政治教育的效果，才能从根本上提高思想政治教育载体设计的科学化水平。因此，企业在构建思想政治教育载体时，一定要不断克服上述的种种不足，才能不断提高思想政治教育的实效性，使其更好地服务于企业自身的发展。

第四章

思想政治教育载体有效运用的影响因素

第一节 思想政治教育主体因素

一 学界有关思想政治教育主体的争论

关于思想政治教育的主体,学界展开了大量的研究,但并未完全达成共识。不同的学者从不同的视角和立场进行了阐述,归纳起来形成了以下五种比较有代表性的观点:单主体论、双主体论、双向互动论、多重主体论、主体间性论[①]。

一是单主体论。单主体论又可以分为三种,即教育者主体论、受教育者主体论和政治集团主体论。教育者主体论将思想政治教育者视为主体,而将受教育者看作客体;受教育者主体论认为教育是服务于受教育者的,主体应是受教育者;政治集团主体论则把思想政治教育主体视作社会政治集团或政治机构。[②]

二是双主体论。双主体论把思想政治教育者和受教育者皆看作思想

[①] 卢黎歌、杨新华:《论思想政治教育学中的主客体范畴》,《高校理论战线》2006年第3期,第32页。
[②] 燕国材:《素质教育论》,江苏教育出版社,1997,第31页。

政治教育的主体。从教育过程看，思想政治教育者是主体，而受教育者则是客体；从受教育过程看，受教育者是主体，而思想政治教育者则是客体。①

三是双向互动论。双向互动论认为在思想政治教育实践中，思想政治教育者的施教起主导作用，但受教育者接受施教也是具有能动性的。在这种施教与接受的过程中，思想政治教育者和受教育者双向互动，形成教育的全力，从而推动思想政治教育实践顺利进行。②

四是主体间性论。主体间性论认为思想政治教育实践是通过"主体—客体—主体"的转化过程实现的，在这个转化过程中形成了"主体—主体"的关系。③

五是多重主体论。多重主体论认为思想政治教育主体不是一个而是多个，思想政治教育者、受教育者、思想政治教育介体、环体都能成为思想政治教育主体。④

二 思想政治教育主体的内涵

从前述学界关于思想政治教育主体的五种代表性观点，可以看出，关于思想政治教育主体争论的分歧点在于受教育者能否成为思想政治教育的主体。"主体"最早是一哲学范畴，不同的哲学流派对主体概念有着不同的理解。唯心主义哲学家譬如柏拉图一般将主体视作一种非实体的存在。而唯物主义哲学家譬如费尔巴哈一般将主体界定为"人"，把主体界定为"生物人"，马克思则在费尔巴哈的基础上，把主体定位为

---

① 陈秉公：《思想政治教育学原理》，辽宁人民出版社，2001，第44页。
② 骆郁廷：《论思想政治教育主体、客体及其相互关系》，《思想理论教育导刊》2002年第4期，第24页。
③ 万美容：《论主体道德教育模式的基本特征》，《学校党建与思想教育》2001年第10期，第26页。
④ 骆郁廷：《论思想政治教育主体、客体及其相互关系》，《思想理论教育导刊》2002年第4期，第56页。

"实践存在物"——人,并指出"必须把这些人作为在历史中行动的人去考察"。① 从马克思的这一界定出发,我们可以对思想政治教育主体的内涵做出广义和狭义的理解。从广义上理解,思想政治教育主体是指思想政治教育活动的参加者,如思想政治教育者、教育机构和受教育者等;从狭义上看,思想政治教育主体特定参与思想政治教育实践的教育者和受教育者。本书所涉及的思想政治教育主体物指思想政治教育者和受教育者。

三 思想政治教育主体的影响

(一) 教育者的自身素养和受教育者的既有知识结构产生的影响

思想政治教育者的自身素养及受教育者的既有知识结构影响思想政治教育载体的运用成效。

思想政治教育者是思想政治教育载体的运用主体,其素质的好坏,直接决定思想政治教育载体的运用效果。思想政治教育者的素质主要由政治、人格、理论和能力素养构成。政治素质反映的是思想政治教育者的基本政治立场,它决定着思想政治教育载体运用的大方向。思想政治教育者的人格素质是其个人品德修养的反映,它在教育活动中影响重大。正如孔子所言:"其身正,不令而行;其身不正,虽令不从。"② 在思想政治教育载体的运用过程中,思想政治教育者"身正",自然引发受教育者对载体运用的积极参与,反之,如果思想政治教育者其身"不正",就会弱化思想政治教育载体的运用。思想政治教育者的理论素质是其对教育目标和内容的把握。这种素养影响到思想政治教育者为其选定的思想政治教育载体注入何种思想政治教育内容。"政治教育工

---

① 《马克思恩格斯选集》第 4 卷,人民出版社,1995,第 241 页。
② 《论语·子路》。

作的效果在很大程度上取决于对社会心理和教育学理论的通晓以及善于在实践中的应用。"① 能力素养是对思想政治教育者运用思想政治教育载体能力的反映。能力素养会影响到思想政治教育者对思想政治教育载体及其运行环境的理解，同时会对受教育者的载体接受兴趣产生重大的影响。可见，思想政治教育者的能力素养，不仅体现出思想政治教育者操控驾驭载体的水平，而且通过教育者对思想政治教育系统内的其他的把握而间接影响到思想政治教育载体的运用。

受教育者既有思想政治教育素养和知识结构同样影响载体的运用。赫尔巴特曾经指出："教育的基本观念是学生有接受教养的可能性。"② 在思想政治教育载体运用实践中，所谓的"接受教养的可能性"就是指受教育者的既有思想政治教育素养和知识结构，主要包括特定的知识储备、自身的政治立场及接受新知识的心理基础等。在思想政治教育实践中，教育者借助于思想政治教育载体能够向受教育者传输多少思想政治教育信息，在很大程度上并不是完全由教育者所掌控的，受教育者既有的思想政治素养和知识结构，也会影响到思想政治教育载体的运用。在高校工作的思想政治教育者经常会发现，在不同的专业学生中，运用同一思想政治教育载体传输相同的思想政治教育信息，效果却是不一样的。原因在于，思想政治教育的对象是丰富多彩的个人，他们既有的知识结构、人生阅历等各方面因素的不同，必然会影响到思想政治教育载体运用效果。可见，在思想政治教育载体运用过程中，受教育者作为载体的接受主体，其既有的文化水平对载体运用的成效具有重要影响。受教育者自身受教育程度高，可供选择的思想政治教育载体就越丰富；反之，受教育者的文化程度越低，可供选择的思想政治教育载体就越小，教育效果也易打折扣。

---

① 中共中央直属社会科学院心理学和教育学教研组：《党的工作中的社会心理学和教育学》，广西人民出版社，1986，第1页。
② 张焕庭：《西方资产阶级教育论著选》，人民教育出版社，1979，第297页。

（二）思想政治教育主体载体认知的影响

教育者和受教育者的载体认知对思想政治教育载体的运用具有重要影响。思想政治教育者对思想政治教育载体的形式、特点及功能的熟知，是其运用载体的前提和基础。在对思想政治教育载体基本认知的前提下，思想政治教育者如果能够把思想政治教育与教育者需要传递的思想政治教育信息很好地整合起来，则有助于实现载体的有效运用。思想政治教育者对载体的基本认知，是运用载体的基础。思想政治教育者弄清载体需要承载的内容是选择载体的前提。在以往的载体运用实践中，部分思想政治教育者对与某一思想政治教育内容相匹配的载体形式往往缺乏科学的认知，抛开具体的思想政治教育内容和信息，必然无法有针对性地选择最能承载特定思想政治教育内容和信息的具体载体。譬如，在宣传社会主义荣辱观这一思想政治教育内容时，如果我们不能对社会主义荣辱观的丰富内容及其产生背景做深入的认识和内容的重组，就简单地通过活动进行宣传，效果自然要打折扣。究其原因就是在形式选择之前，没有对内容进行合理的规划。

每一种思想政治教育载体都有其一定的适应范围及自身的优势、缺陷，而这些信息的获取全都有赖于思想政治教育者自身对载体的明确认知。以文化讲座开展思想政治教育为例，文化讨论活动的理论性一般较强，如果仅面对院校师生及文化水平较高的群众则较为合适，但对于农民群众及受教育程度不高的居民而言则理论性太强，自然效果不佳。由此可见，在选择运用思想政治教育载体时，有一个基本的前提，那就是要对准备选取的思想政治教育载体有一个明确的认识，要清楚地知道所选载体的特点、作用、方式，从而明确所选择载体是否对受教育者具有针对性。如果脱离了这个前提，载体的运用可能就会流于形式，而无法落到实处。

受教育者对思想政治教育载体内涵及其功能的认知，同样会对思想政治教育载体的运用产生间接影响。在思想政治教育实践中，受教育者虽然不是思想政治教育载体的选取和运用者，但受教育者作为思想政治教育信息的受众，其能否对思想政治载体的功能有一个正确认知并自觉运用载体向教育者进行教育效果的反馈，对思想政治教育载体的运用效果亦有重要影响。譬如，在当前的思想政治教育实践中，思想政治教育工作者认识到了手机短信这一大众传播载体的思想政治教育功能，并乐于借助这一新兴思想政治教育载体开展工作。但如果不提前对受教育者就手机短信的思想政治教育功能及重要性进行宣传，受教育者在对手机短信载体的内涵及功能缺乏基本认知的情况下，手机短信载体的思想政治教育目标就不易落实。

（三）思想政治教育主体的责任感和主动性的影响

思想政治教育者的责任感及受教育者的主动性影响思想政治教育载体的运用成效。当前，我国各条战线上的思想政治教育工作者数量庞大，其素质也是参差不齐。同时，市场经济又给他们的工作带来了一定的困难及挑战，这就导致部分思想政治教育工作者对思想政治教育工作的重要认识不足、热爱不足，在工作中就容易丧失主动权。在思想政治教育载体的运用实践中，需要的是具有较强的责任意识的思想政治教育者，他们敢于面对国际国内形势与时代的变迁，他们极其热爱与忠诚于思想政治教育事业，在工作中也乐于奉献，以饱满的热情和良好的素质完成党和国家赋予的历史使命。思想政治教育者如果有了对思想政治教育事业的热爱与忠诚，再加上其综合能力和学术水平的配合，则可以推进和巩固思想政治教育载体的运用效果。

同时，受教育者作为思想政治教育载体运用实践中的接受主体，他们参与载体运用的主动性和创造性也会对思想政治教育载体的运用产生重要影响。受教育者参与载体运用的主动性和创造性一方面是由其自身决定的，另一方面则需要教育者的积极引导。因此，在思想政治教育载体运用实践中，思想政治教育者要积极地探索思想政治教育载体的运用规律，在此基础上引导受教育者不间断的学习，共同去落实思想政治教育的目标。

（四）思想政治教育主体间因素的影响

严格地讲，主体间性范畴起源于胡塞尔（E. Hussed）的现象学哲学，以后陆续成为存在主义、哲学解释学、语言分析学、社会学一般理论关注的主题。① 胡塞尔比较全面地论述了主体间性理论，他认为主体性意味着自我，而主体间性意味着自我共同体。基于这种解释，我们不难看出主体间性是在主体与主体相互尊重的前提下达成的一致性。张耀灿、刘伟强调思想政治教育的主体间性是在思想政治教育实践中形成的教育者和受教育者的有机联系。由此可见，在思想政治教育载体运用过程中，教育者与受教育者的关系应是主体与主体之间的关系（即主体间关系）。同为思想政治教育的主体，它们相互影响、相互作用、相互渗透，成为不可分割的同一体的两个方面。②

思想政治教育主体间的民主平等关系影响载体的运用成效。民主平等的主体关系，是思想政治教育者和受教育者交往中所必需的。传统的思想政治教学过程中，教育者容易把受教育者视作教育的客体，受教育者只需要无条件地接受教育者传递的教育内容。在这种传统思想政治教育格局中，教育者与受教育者之间就难以产生情感共鸣，教育者无法真正走入受教育者的内心世界，思想政治教育主体之间就难以互动。思想政治教育主体间的交往是对传统教育中这种对立的师生观的整合。它认为教育者和受教育者的关系应该是民主平等的。思想政治教育主体在此基础之上进行交流、对话，鼓励受教育者发表不同意见，发出不同声音，从而让受教育者在民主宽松气氛中发挥主体性，培养创造性思维。

思想政治教育主体间的互动亦影响思想政治教育载体的有效运用。互动是思想政治教育主体间交往实现的关键。在思想政治教育载体运用

---

① 王晓东：《哲学视域中的主体间性问题论析》，《天津社会科学》2001年第5期，第43页。

② 缪志红：《论思想政治教育中的"交互主体论"》，《学海》2002年第1期，第166页。

过程中，主体间的互动指思想政治教育者和受教育者借助特定的载体进行思想政治教育信息的交换，在信息交换的过程中教育者和受教育者亦在进行角度的转换。当前，部分思想政治教育载体运用效果的不理想，主要源于过去传统思想政治教育活动中长期坚持的"主客"二分的思想，即仅把教育者视为教育活动的主体，而受教育者则被当作教育的对象（即教育客体），这就抹杀了思想政治教育主体（教育者和受教育者）间的平等地位。实际上，在思想政治教育载体的运用实践中，思想政治主体间的良性互动，可以使思想政治教育内容经由载体这一通道进行传递，同时受教育者经由载体这一通道将自己的意见看法反馈给教育者，教育者再通过载体这一通道了解受教育者的需求后，就可以将教学活动调整到最佳状态。

思想政治教育主体间的包容程度同样影响载体的运用成效。思想政治教育者与受教育者之间的沟通包容实际上就是一种换位思考，是一种真诚交往。"交往理性对人类行为的分析重点放在'真诚交往'的层面上。"[1] 交往的真诚性要求思想政治教育者和受教育者要学会换位思考，要多了解对方的想法和需求，这种理解具有包容的含义：一方面，在思想政治教育实践，受教育者多处于发展过程中，对一些问题的认识可能会存在不全面甚至偏激的地方，而思想政治教育者在知识、经验、人生阅历上要比受教育者更具优势，因此，思想政治教育者在运用载体开展思想政治教育工作时，要多去包容受教育者的看法甚至缺点，只有在自己的看法得到教育者认可和包容的情况下，受教育者才会主动参与载体运用实践。从而，思想政治教育载体才能在载体运用过程中培养受教育者科学认识并解决问题的能力。另一方面，在信息技术高度发达的今天，思想政治教育者也不一定能通晓所有学科的知识，有时候在"传道、授业、解惑"中会发生不尽如人意的现象，作为受教育者应对此

---

[1] 王萍霞：《交往：架起德育回归生活世界的桥梁》，《高教发展与评估》2005 年第 2 期，第 128 页。

表示理解,而不能因为思想政治教育者的不完美就拒绝参加思想政治教育载体实践。这种情况最有可能出现在课程载体的运用过程中,部分受教育者在课堂中可能匡对某一任课老师的能力产生怀疑,从而厌学或者是不上课,这势必会影响到课程载体的实效。

总之,思想政治教育主体直接影响思想政治教育载体的运用效果。在思想政治教育载体运用的"双主体"中,教育者是思想政治教育载体的运用主体,受教育者则是思想政治教育载体运用的接受主体。唯有二者之间形成平等的互动,形成良好的民主关系,才能推动思想政治教育载体运用效果的提升。

第二节　思想政治教育内容因素

一　思想政治教育载体承载的内容

"思想政治教育的内容是根据一定的社会要求和针对受教育者的思想实际,经教育者选择设计后有目的、有步骤地输送给受教育者的思想意识、价值观念和道德规范等信息。"[①] 思想政治教育内容是思想政治教育载体承载、传递的主要素材,是思想政治教育载体育人效果实现的内容基础。我国思想政治教育的内容是以"五育"为中心形成的一个体系。

（一）政治教育

在思想政治教育载体承载的内容体系中,政治教育实际上是一种信仰教育,它重在理论灌输和行为控制。从政治教育构成上看,主要包括

[①] 熊建生:《思想政治教育内容的内在属性和本质要求》,《江汉论坛》2009年第8期,第110页。

政治立场、政治方向、政治观点、政治理念和态度、基本路线、爱国主义教育等,它的目标是让受教育者树立与社会发展一致的政治方向和政治立场。可见,在思想政治教育载体承载的内容体系中,政治教育是核心内容,是最直接体现特定国家思想政治教育性质的内容,这一内容影响制约着其他内容。

(二) 思想教育

在思想政治教育内容体系中,思想教育是认知性教育。它的主旨是要帮助受教育者树立正确的世界观、价值观、人生观以及科学的思维方式。从具体内容上看,主要包含"三观"教育、艰苦奋斗精神教育、科学创新精神教育等。"思想教育就其性质而言,是提高人的思想认识的教育,是提高人们主观反映客观的认识能力和认识水平的教育,因而是认知性教育。"[①] 思想教育的内容,重在启发,即是要用先进的理论、高尚的精神、丰富的知识等鼓舞受教育者,它为人们认知、改造世界打造了坚强的思想武器。

(三) 道德教育

德育教育是有关规范教育的内容,它重在启迪受教育者内省进而形成适合社会发展要求的道德意识。道德不同于法律,它是以善恶评价为依据调节人与人之间、人与社会之间的关系的各种规范的总称。道德教育内容的传播主要是借助于一定的社会伦理规范对受教育者施加较为良性的影响,它的主旨是帮助受教育者形成良好的道德品质、人格及精神等。职业道德、社会公德、家庭美德以及当前比较流行的生态道德和网络道德等构成了道德教育的主要内容。道德教育主要依赖传统习惯和社会舆论来保障,它强调潜移默化。因此,我们在选取思想政治教育载体来承载这部分内容时,要多关注文化载体等隐性载体,才能在"润物细

---

① 王玄武、骆郁廷:《思想教育政治教育道德教育比较研究》,武汉大学出版社,2002,第35~36页。

无声"的情况下将道德教育内容顺利地传递给受教育者并内化为其个体行为。

(四) 法制教育

法制教育是思想政治教育载体承载内容中的保障教育内容，它重在强化受教育者对特定思想、政治问题的认知。法制是指国家的法律与制度。法律是统治阶级意识的集中体现，它是以国家暴力保障实施的各种行为规范的总和。与道德相比，法律具有强制性，它要求所有的社会成员都必须遵守。法制教育的目的是要培养受教育者知法、懂法、守法，要让受教育者学会运用法律的手段捍卫自己的合法权益。毫无疑问，法制教育应是思想政治教育载体承载的重要内容之一。邓小平同志曾指出："在党政机关、军队、企业、学校和全体人民中，都必须加强纪律教育和法制教育。"[①] 法制教育对思想政治教育承载的其他教育内容具有保障作用，特别是对思想教育、政治教育等。

(五) 心理教育

在思想政治教育载体承载的内容中，心理教育是自我鼓励性的教育，它通过对受教育者施加有关心理健康方面的知识性、咨询性教育，以期引导受教育者形成良好的心理素质及符合社会需要的良好行为。从本质上讲，心理是思想政治品德养成的起点，因此，心理教育作为思想政治教育载体承载内容体系中的自励性的教育是不可或缺的。

二 思想政治教育内容因素的影响

我们可以借用哲学领域中内容与形式的关系来探讨思想政治教育内容给予思想政治教育载体及其运用的影响。马克思主义哲学认为内容决定影响，但形式反作用于内容。内容发展变化了，形式也要发生相应的

---

① 《邓小平文选》第 2 卷，人民出版社，1994，第 360 页。

变化。当然，形式对内容的依赖性并不排除它对内容的相对独立性。把上述哲学研究领域关于"内容"与"形式"关系的界定引入本书的研究中，可以看出：思想政治教育内容好比哲学研究中的"内容"，思想政治教育载体好比哲学研究中的"形式"。思想政治教育的内容要在思想政治教育者和受教育者之间正常地传输反馈，必须借助于思想政治教育载体才能实现。但由于内容对形式具有决定作用，因此载体形式的选择运用应以内容为前提和基础。思想政治教育内容给予载体及其运用的影响可从以下几个方面展开。

（一）思想政治教育内容是选择运用思想政治教育载体的依据

思想政治教育内容是思想政治教育目标的具体化，它是特定社会制定的思想品德规范，它与思想政治教育载体一样隶属于思想政治教育介体。[①] 思想政治教育载体只有在蕴含特定的思想政治教育内容的条件下，才能为思想政治教育者利用，才能协助思想政治教育者和受教育者在这个平台上互动。一定的思想政治教育内容必须有一种特定的思想政治教育载体形式与之匹配，因为，一种特定的思想政治教育内容可以用多种载体形式去表现。据此，我们需要根据特定的需要去传输给受教育者的思想政治教育内容（信息），来确定选择某种思想政治教育载体。在思想政治教育载体的选择运用问题上，不能一味地追求时髦，而应从特定的需要传递的思想政治教育内容出发。

（二）思想政治教育内容与载体的契合程度影响思想政治教育载体的运用

特定的思想政治教育内容，就需要与之相配的思想政治教育载体形式。思想政治教育载体与思想政治教育的内容匹配程度高，就会获得较好的教育效果；反之，效率低下甚至无效。在思想政治教育工作实践中，当我们向受教育者传输思想政治教育内容体系中的马克思主义基本

---

① 贺才乐：《思想政治教育载体研究》，湖北人民出版社，2004，第288页。

理论知识的时候，选择严肃正规的课程载体和管理载体则比选择时髦的网络载体，效果要好，受教育者通过理论学习可以系统地掌握马克思主义理论的基本知识，同时内化以后适应社会发展的需要。当我们向受教育者传输思想政治教育体系中的生命价值教育和心理教育信息的时候，如果还选择课程载体和管理载体，效果就可能不理想，原因在于思想政治教育内容和思想政治教育载体不完全匹配，如果我们选择心理咨询载体、手机短信载体，受教育者可能更易于敞开心扉并乐于接受。当我们向受教育者传输思想政治教育内容体系中的幸福教育和责任感教育这些内容时，选择模范人物，用他们优秀的人格魅力来诠释什么是幸福什么是责任，则要比课程载体、管理载体、心理咨询载体和手机短信载体效果好得多。

可见，思想政治教育载体运用水平的提升，不在于我们选取多么宏大和时尚的载体形式，而在于所选取的思想政治教育载体形式要与需要传递的思想政治教育内容相匹配。事实证明，这两者的匹配程度越高，教育效果越明显。在思想政治教育载体的运用过程中，最忌不从内容出发，盲目求新求多。

（三）思想政治教育内容的开放程度影响载体的运用成效

不同时期的思想政治教育面临的时代任务和现实问题都是不一样的，思想政治教育的具体目标和任务在不同时代也是有不同的着眼点的。改革开放后，思想政治教育的目标是要培养适应社会需要的德、智、体、美等方面全面发展的优秀人才。在改革开放的新的时代背景下，作为思想政治教育目标和任务具体化的思想政治教育内容也面临着伴随社会转型不断更新的问题。

改革开放以前，由于特殊的社会发展阶段的影响，我国思想政治教育的内容更为侧重政治教育。改革开放以后，我国成功地实现了从计划经济向市场经济的转变，经济发展日益带入全球化潮流，文化发展也日益多元化，人们获取信息的渠道也日益多样化，同时人们对思想政治教育内容的需要越来越多。在此种情况下，思想政治教育载体承载的内容就需要彰显时代感和现实感，需要及时地把群众需要的思想政治教育内容和信息融入思想政治教育内容体系之中。

第三节 思想政治教育环境因素

一 思想政治教育环境的内涵与构成

（一）思想政治教育环境的内涵

"人创造环境，同样，环境也创造人。"[1] 环境是一种重要的教育力量，是促成人的思想行为变化的重要条件。"思想政治教育从本质上讲也是一种社会环境，是一种改变了的社会环境。它根源于社会存在的需要，是为适应阶级和国家统治的需要，而从社会环境中分离出来的。"[2] 关于思想政治教育环境的定义，邱伟光、张耀灿等老师认为，"思想政治教育环境就是思想政治教育所面对的外部客观存在"。[3] 据此，我们可以比较通俗地把思想政治教育环境界定为影响人们思想品德形成的外部因素的总和。它"包括人类生存和发展影响思想政治教育的一切自然条件、社会物质生活和精神生活条件，诸如生产力的水平、生产关系的性质、社会意识形态进步程度、社会风气、社会思潮、文化传统等。因此，思想政治教育环境是一个复杂的系统"。[4] 这个复杂的系统可以用多种标准进行分类，我国学者鲁洁教授将思想政治教育的外部环境分为"宏观系统：社会经济、政治、文化和社会心理；中观系统：社区；

---

[1] 中共中央马克思恩格斯列宁斯大林著作编译局：《马克思恩格斯选集》第1卷，人民出版社，1995，第92页。
[2] 沈国权：《思想政治教育环境论》，复旦大学出版社，2002，第7页。
[3] 邱伟光、张耀灿：《思想政治教育学原理》，高等教育出版社，1999，第144页。
[4] 仓道来主编《思想政治教育学》，北京大学出版社，2004，第112页。

微观系统：家庭"① 等。

(二) 思想政治教育环境的构成

思想政治教育环境可以分为思想政治教育宏观环境、思想政治教育中观环境和思想政治教育微观环境。

第一，思想政治教育宏观环境，主要包括政治环境、经济环境、文化环境等。

政治环境是影响人的思想品德形成的一切政治因素的总和，它包括政治活动、政治制度、政治理念等。政治活动的实质是社会中各阶级争夺支配和主导地位的斗争，这种斗争是以经济利益为中心的。政治环境的核心是政治制度和国家政权。政治制度是特定社会的统治阶级用法律条文的方式稳定下来的维护其统治地位的政权组织形式的总和。政治环境中的一个重要的因素就是国家，在国家存在的大背景下，一切政治活动、政治制度等都离不开国家。由此可见，政治环境的变化，主要表现为政治的变换。

经济环境是对人们思想品德形成产生影响的一切经济因素的总和。经济环境的核心是生产资料的所有制，经济环境的变化亦主要表现为生产资料所有制关系的变换。经济环境决定着政治环境和文化环境。在思想政治教育载体运用的过程中，经济环境可为载体的运用提供物质技术的保障，可以推动载体的发展创新。

文化环境是对人们的思想品德形成产生影响的观念因素的总和。从表现形式上看，文化环境可以视作处于相同共同体中的人们所共有的风俗习惯、行为方式等；同时文化环境可以表现为少数文化精英创作的各类文化艺术成果和理论成果；此外文化环境还可以表现为凝结着特殊文化观念的物质形式，如英雄纪念碑、博物馆及人文景观等。但从本质上讲，文化环境反映的是一定社会中占主导地位的世界观、人生观和价值

---

① 鲁洁：《德育社会学》，福建教育出版社，2002，第62页。

观，每种文化产品都离不开这"三观"。

第二，思想政治教育中观环境，主要是社区环境。

"社区"一词1881年最早为德国社会学家滕尼斯使用，他认为社区是"一种持久的和真正的共同生活，是一种原始的或者天然状态的人的意志的完善的统一体"。① 在我国，最早引入并使用"社区"一词的是社会学家费孝通先生。我们一般认为，"社区是指居住在一定地域、彼此具有共同联系和交往，并由此产生归属感的人们，组成的群体和相应的活动区域"。② 社区可被视作大社会的浓缩，担负着与居民生活相关的社会功能。从微观上看，社区主要可被分为城市社区和农村社区。社会环境是由同质人口、相同的地域条件、风俗习惯和规章制度等要素构成的。社区环境中的各个构成要素通过特定的方式影响社区居民良好思想政治品德的形成。

第三，思想政治教育微观环境。

思想政治教育微观环境，是我们通常所说的小环境、小气候，是指与人的思想、行为和心理等密切相关的小范围的环境，一般主要包括家庭环境、单位（学校）环境、人际交往环境（同辈群体环境）等。

家庭环境是家长的思想品质和行为对子女影响的氛围，主要包含家庭经济状况、家庭成员间的关系及家庭作风等。一般来讲，家庭经济状况的好坏会对受教育者接受教育的程度产生影响；家庭成员间的关系及家庭作风会对子女良好品德的形成产生耳濡目染的效应。

除了家庭之外，人的一生基本是在单位（学校）中度过的，因此，单位（学校环境）也是思想政治教育环境的重要组成部分，会对思想政治教育载体的运用产生重要影响。单位环境是人从事某一工作所在单位的环境因素的总和，以企业为例，它包括企业管理风气及工作人员间

---

① 〔德〕斐迪南·滕尼斯：《共同体与社会》，林荣远译，商务印书馆，1999，第3页。
② 欧清华：《社会学视界下的德育中观环境》，《江汉大学学报》（社会科学版）2009年第2期，第103页。

的关系等。学校环境包括校风和师德等。

人际交往环境也可对思想政治教育载体的运用产生重要影响。它可以分为广义和狭义。广义的人际交往环境指某一个体与其所交往的人之间关系的总和；狭义的人际交往环境指某一个体周围通常联系的同辈群体。"同辈群体又称同龄群体，是由一些年龄、兴趣、爱好、态度、价值观、社会地位等方面较为接近的人所组成的一种非正式初级群体。"① 同辈群体是一个人成长发展的一个重要的环境因素，尤其是在青少年时期，同辈群体的影响趋重甚至有可能超过父母和教师的影响。②

无论是家庭环境，还是单位（学校环境）和人际交往环境，都是思想政治教育载体运行的具体环境，离开这些环境的支持与配合，思想政治教育载体的运用会受到不良影响。

二 思想政治教育环境的影响

（一）思想政治教育宏观环境的影响

思想政治教育宏观环境中的经济环境，为思想政治教育载体的运用奠定了物质基础。社会经济环境，它"不仅提供可供教育直接消费的货币形态的教育经费，实物形态的教育设施，还提供教育间接消费的经济范畴的劳动年龄人口和可用于智力活动的空闲时间"。③ 这也就是说，借助于提供教育经费、设施等手段，社会经济环境实际上影响着思想政

---

① 陈正良：《同辈群体环境对青少年发展的影响》，《宁波大学学报》（教育科学版）2004年第5期，第61页。
② 据全国教育科学"九五"规划青年专项课题《传媒文化对青少年思想品德的影响的调查研究》2000年对杭州、广州等地2000多名大、中、小学生的调查结果：影响青少年品德发展因素，递次为：大众传媒、同辈群体、学校、家庭。据本人2003年3月在宁波三所大、中、小学的258名学生的抽样调查显示，递次为：大众传媒、学校、同辈群体、家庭。
③ 吴鼎福、诸文蔚：《教育生态学》，江苏教育出版社，1990，第25页。

治教育载体运用的现状和未来，因为它可为思想政治教育载体的运用奠定物质上的基础。此外，社会经济环境还决定思想政治教育的体制、目标和内容，而思想政治教育载体的运用总是按照特定的教育体制运作的，同时为特定的教育目标服务，所以社会经济环境最终决定思想政治教育载体的选择和运用。

思想政治教育宏观环境中的政治环境，对思想政治教育载体运用的影响有两个方面：一是思想政治环境中的政治立场、政治意识等，将引导人的思想品德发展的方向，进而影响着思想政治教育内容的确立，从而最终影响到思想政治教育载体的选择与运用。二是政治环境中的政治制度、法令、活动、政策等可以形成一种教育上的氛围，会对人的良好思想品德的形成产生直接或间接的作用，促使人们形成某种特定的政治态度和信念，这种反映在思想政治教育者及受教育者的影响，最终会影响到思想政治教育载体的选择和运用。

思想政治教育宏观环境中的文化环境，同样影响思想政治教育载体的运用。因为，思想政治教育文化环境与思想政治教育载体联系紧密。作为一种意识形态的文化及其产品，同思想政治教育载体一样，都具有非常明确的政治方向性。当思想政治教育者运用特定的文化及其产品开展思想政治教育工作时，文化就和思想政治教育载体实现了统一。

（二）思想政治教育中观环境的影响

思想政治教育中观环境给予思想政治教育载体的运用以直接影响。

社区的发展程度对思想政治教育载体的运用有非常直接的影响。不同的社区通过界定不同的教育内容和目标，通过提供不同的物质设施和经费，通过不同的社区文化对思想政治教育载体的运用施加直接的影响。譬如，城市的社区文化比较自由开放，因而社区内的居民一般思想和视野比较开阔，在这种社区文化状态下，我们要多选择隐性思想政治教育载体，让受教育者在春风化雨中受到教育和启迪；反之，如果我们选择太过于显性的思想政治教育载体直接进行理论灌输，那可能会招致社区居民的抵制，教育效果自然得不到提高。而在农村社区，人们的思想相对保守并注重伦理道德，那我们在载体选择中就既可以选择显性载体，也可以选择隐性载体，可选择的余地就较大。由此可见，不同的社区环境对思想政治教育载体的选择运用影响较大。

（三）思想政治教育微观环境的影响

思想政治教育微观环境中的家庭环境对受教育者在思想政治品德教育方面有着先入为主的基础，它奠定了受教育者最初的认知结构和接受基础，并在此基础上形成了思想政治教育者选择载体、受教育者接受载体的依据。能够对思想政治教育载体产生影响的家庭环境主要包括家风和家庭主要成员的交流影响。2001年，中共中央颁布了《公民道德建设实施纲要》，明确将家风作为公民道德教育的重要环境，指出"要在家庭生活中，通过每个成员良好的言行举止，相互影响，共同提高，形成良好的家风"。因此，家庭成员与受教育者联系最为密切，在这种情况下，家庭成员特别是其父母对受教育者在日后接受或排斥思想政治教育载体及其承载内容上会起重大影响，而且这种影响极为隐蔽。

思想政治教育微观环境中的单位（学校）环境，对思想政治教育载体运用的影响有二：一是思想政治教育载体的运用总要在特定的场内进行，单位（学校）的基础设施、历史传统、规章制度、人际关系、精神氛围等就形成了载体运用的"场"。这个"场"本身就承载着特定的思想文化、价值观念等，这些良好的因素必然会间接或直接地与思想政治教育载体的运用相互配合，形成一种育人的合力。二是单位（学校）环境中也有一些不利的因素会抵制、消解思想政治教育载体的运用成效。

思想政治教育微观环境中的同辈群体形成的小环境，对思想政治教育载体特别是学校思想政治教育载体运用效果的影响巨大，这是由同辈群体的特点造成的。同辈群体是由年龄、人生阅历、受教育程度、兴趣爱好基本相同或相似的成员组成的一个小圈子。这个小圈子的成员往往具有共同的价值标准和行为准则，容易形成自己这个小圈子的特殊的亚文化，成员间也往往容易沟通感情，易发生"平等效应"，即通常所说的"近朱者赤，近墨者黑"的现象。在思想政治教育载体运用过程中，同辈群体的这种特点往往会对载体的运用起到增效和抑制作用。譬如在高校这个特殊的领域，大学生年纪相当、兴趣爱好相似，再加之长期生活在一起，容易形成一种大学生群体的亚文化，这往往会导致他们接受特定思想政治教育载体时易出现同化现象。笔者在几所高校的访谈资料显示：在思想政治理论课这一课程载体的实践中，出现了整个宿舍的同学都来或者都不来上课的现象，这个现象背后反映出的就是同辈群体环境对思想政治教育载体的运用的影响。在这种情况下，我们要想提升思想政治教育理论课的参与率，单独对某一个学生做工作意义不大，我们的工作应该从改善以宿舍为基础单元的同辈群体环境入手。

可见，思想政治教育载体的运用总是在一定的环境下进行的。思想政治教育环境的好坏与思想政治教育载体的运用直接相关。一方面，一定的思想政治教育环境会影响甚至于制约思想政治教育载体的运用；另一方面，通过恰当地运用思想政治教育载体，又可以影响人们思想意识、政治觉悟、道德品质的确立，进而对环境产生能动的影响。

第四节　科技发展因素

现代思想政治教育载体是与科学技术的发展相伴而生的。现代思想政治教育载体是人类在征服自然、改造社会的实践中科技进步的成果。换句话说，科学技术的发展为现代思想政治教育载体的运用提供了最基本的物质基础和技术支撑。

一 科学技术的发展为载体的产生和发展奠定了物质基础

思想政治教育载体的产生和发展，都是与人类改造自然的活动交融在一起的。在人类改造自然的活动中，科学技术毫无疑问扮演了重要角色。在科学技术发展的支撑下，人类征服自然的活动水平层次日益提高，思想政治教育载体也经历了从产生到发展的演变。迄今，人类实践活动的发展大致经历了三个阶段：一是面向自然的实践活动；二是面向社会的实践活动；三是面向信息的实践活动。随着人类实践活动中心的转换，思想政治教育载体的形式也发生了一定的变化。

在人类活动还处于征服自然的阶段里，科学技术基本尚未起步，人类对自然的依赖性比较强。为了生存，人类早期的道德规范主要借助于口耳相传和言传身教。从思想政治教育载体角度来看，它的发展还非常迟缓，基本表现为语言和文字，即思想政治教育语言载体和文字载体，二者是人类在生产劳动中交流思想和情感的结果。

在人类活动处于改造社会的阶段里，科学技术获得了突飞猛进的发展，人类对自然的依赖性相对下降，开始逐步变为对商品、金钱等资本的依赖。摆脱了对自然的依赖后，在科技腾飞的推动下，人类认识自然和社会的深度不断提升，人类交流的媒介亦不断拓宽。文化、社会活动和生产管理等日益成为我们开展思想政治教育工作的工具和媒介。思想政治教育文化载体，使人类在传承生产生活经验的同时精神也得到了升华；活动载体在使人类相互了解、交流的同时心理问题也得到了宣泄、化解；管理载体使人类在生活过程中人、财、物合理配置的同时增进了情感交流。可见，科学技术的发展促进了思想政治教育载体形式的完善，为思想政治教育载体的运用奠定了物质（载体）基础。

当前，人类的活动已逐步转向（接受）信息为主的阶段，信息资源成为获取物质资源的前提和基础。在这种强大的信息需求的推动下，人们的信息传播方式也从单向的点对面向交互式的点对点的方向发展。人类最初的信息传播是借助于语言面对面地进行，文字则是印刷术和电子技术出现后，报纸、广播、电视等信息传播媒介得到迅猛发展，与此同时，人们对信息的依赖程度也日益提高。不过，我们也应该看到，早期的大众传播媒介的信息传播是垂直的，即从传者到受者，受者只能被动地接受信息，而不能及时地反馈自己的看法。网络媒体的出现克服了这种限制和制约。因为，网络载体集通信技术和声像技术之大成，能全方位地向受教育者传递思想政治教育信息。并且在这种信息传播过程中，教育者和受教育者的地位是平等的，他们经常可以换位思考，这就打造了一种平等和谐的教育氛围。在这种氛围中，受教育者可以自由传递、选择思想政治教育内容和信息，人的个性得到了彰显。思想政治教育网络载体的出现，是现代信息社会发展的必然结果。

二　科学技术的发展为载体运用水平的提升提供了技术支撑

科学技术的发展，是思想政治教育载体顺利发展的技术基础，同时也为载体运用水平的提升提供了技术支撑。无论人类社会的制度如何发展，科学技术的发展总是呈上升趋势的，这也就为思想政治教育载体及其运用水平的提升奠定了技术支撑。历史的发展经验告诉我们：古代造纸术的发明及工艺的创新，引发了文字及其衍生载体的发展。譬如在原始社会，人类进行思想交流的主要载体是语言；到了奴隶社会，随着文字的出现及书写材料的多样化，人们思想交流的主要载体逐步变为纸张等。在封建社会，印刷术的发明拓展了文字载体的范围。到了近代，印刷技术的发展，促进了报纸、杂志、书籍等印刷载体的涌现并日益成为大众传播媒介。随后，随着电子技术的发展，出现了广播、电影、电视等传播媒介。当前，在信息技术和电子技术的推动下，网络日益成为新兴思想政治教育载体，它能够承载更丰富多样的思想政治教育信息，传播速度快而时效性强，是一种颇具吸引力和影响的高科技思想政治教育载体。毫无疑问，在科技进步的推动之下，还会出现技术水平更高、功能更全的思想政治教育载体，这就为提升思想政治教育载体的运用程度奠定了物质基础和技术支撑。

可见，作为联系思想政治教育主体（思想政治教育者和受教育者）的媒介与桥梁，思想政治教育载体运用成效的价值判断离不开它运用的条件。思想政治教育载体运用的成效与人的实践活动发生的背景密切相关，与教育者的世界观、价值观、人生观及业务能力紧密相连，与受教育者的既有知识结构及受教育状况环环相扣，与承载的思想政治教育内容紧密相关。当思想政治教育的主体、内容、环体及科学技术等因素发生变化时，不但有助于思想政治教育载体自身的发展完善，而且会对思想政治教育载体的运用产生增效或抑制性影响。因此，唯有从思想政治教育载体运用的影响因素出发，我们才能找到提升载体运用水平的具体对策。

第五章

思想政治教育载体有效运用的主要困境

第一节 载体的运用尚未形成整体合力

随着科学技术的进步，我们可资运用的思想政治教育载体数量庞大、种类繁多，其中既有我们比较习惯运用的传统思想政治教育载体和显性思想政治教育载体，同时亦有我们还不太擅长运用的新兴思想政治教育载体和隐性思想政治教育载体。在这种新旧思想政治教育载体多样化并存的格局下，能否发挥思想政治教育载体的整体育人合力，已成为影响思想政治教育载体运用成效的主要困境之一。

一 新兴载体与传统载体的合力化运用困境

传统载体与新兴载体是以思想政治教育载体出现的先后为标准进行分类的。在当前的思想政治教育实践中，传统载体以课程载体为代表，新兴载体以网络载体为代表。无论是传统载体，还是新兴载体，都是我们现在正在使用的思想政治教育载体。在完成思想教育的育人作用这一基点上，它们应当是相互统一的、相得益彰的。也就是说思想政治教育传统载体和现代载体应该互通有无、相互扶持，形成一种育人合力。但在我们当前的思想政治教育载体运用实践中，传统载体与新兴载体的合力化运用还只是停留在形式化阶段，还没有在本质上真正建构起来合力化运用的模式。

二 显性载体与隐性载体的合力化运用困境

显性载体与隐性载体是按思想政治教育载体的形态为依据进行划分的。显性思想政治教育载体，是指在思想政治教育实践中能够承载传递思想政治教育信息且能实现思想政治教育主体互动的显性形式和手段，以课程载体、管理载体等为代表。显性思想政治教育载体发挥作用的影响比较直接。隐性思想政治教育载体，是指在思想政治教育实践中能够承载传递思想政治教育信息且能实现思想政治教育主体互动的隐性形式和手段，以文化载体、心理咨询载体等为代表。隐性思想政治教育载体育人作用的发挥具有间接性特点。思想政治教育显性载体与隐性载体各有其独特的作用。但要达到思想政治教育的目的，使其取得良好的效果，就得注重两者的综合运用。因为在思想政治教育实践中，综合运用隐性载体与显性载体，可以产生合力，形成综合教育力量；可以减少阻力，易于为受教育者所接受，同时也顺应了思想政治教育社会化的趋势。

在我国当前的思想政治教育实践中，显性思想政治教育载体的运用较为突出，而隐性思想政治教育载体的运用则较为薄弱。譬如，在大学思想政治教育实践中，主要依赖思想政治理论课等显性思想政治教育，而对校园文化等隐性思想政治教育载体的运用与拓展则相对薄弱。实际上，校园文化作为高校思想政治教育的隐性载体，具有较强的渗透和影响，对大学生良好思想品德的形成发挥着"润物细无声"的作用。虽然从 20 世纪 90 年代开始，部分思想政治教育者开始研究并着力于加强校园文化建设，但相对于课程载体、管理载体等显性思想政治教育载体而言，校园文化等隐性载体的运用及保障还是比较薄弱的，并且存在形式主义的倾向。因为课程载体等显性思想政治教育载体育人效果的评估已经形成了较为系统的评价体系，而隐性思想政治教育载体的作用尚未形成比较全面的评估办法与机制，所以高校思想政治教育工作者比较惯于运用显性载体而对隐性载体有所忽略。实际上，从大学生思想品德的形成及发展角度看，隐性思想政治教育载体的育人作用更真实、更长久、更富于感召力，因而应予加强。

第二节　载体形式与承载内容的匹配误区

思想政治教育载体具有承载思想政治教育信息的功能。特定的思想政治教育内容也需要与之相配的思想政治教育载体来体现。假如内容与形式匹配，就能较好地实现思想政治教育载体的效果；反之，则会使其效果打折。在当前的思想政治教育载体运用实践中，似乎存在着两种误区：一是重内容轻形式；二是重形式轻内容。

一　重内容轻形式

重内容轻形式的情况，主要表现为运用思想政治教育载体时过分重视思想政治教育内容的传递，而忽视了与思想政治教育内容相匹配的形式的选择。一项有关学校思想政治教育存在问题的调查显示："形式枯燥、不吸引人占到了 74.61%，成为最大的问题。"[①] 以马克思主义理论的学习为例，思想政治教育者在进行理论讲授时，往往比较重视理论表

[①] 金鑫、张耀灿：《关于大学生思想道德及教育状况的调查与分析》，《学校党建与思想教育》2009 年第 2 期，第 14 页。

述的准确与完整，而对于如何实现抽象理论的生活化则不够重视，这种不重视反映在思想政治教育载体的选择上则是过于单调。这种情况在高校思想政治教育领域最为明显，思想政治理论课教学内容本身理论性较强，思想政治教育者如果只是一味地运用课程载体来传输教育内容，那就会出现一边是教师的侃侃而谈，另一边是学生的昏昏欲睡，教学效果可想而知，这种问题出现的症结就在于重视了内容的传达却忽视了与之配套的载体形式。如果能在传递理论性较强的思想政治教育内容时，多考虑选择一些生动活泼的载体形式（譬如网络教学和网络答疑），效果则会有台阶式的提升。

二 重形式轻内容

在思想政治教育载体运用过程中，一部分思想政治教育者过于看重思想政治教育载体的形式，而忽视载体承载的实质性内容。"宣传轰轰烈烈，践行寂静无声"[①] 的现象，正反映了这一问题。重形式轻内容的现象在日常的生活学习中主要有两种情况。

第一，重视不够，大搞形式主义。

形式主义是一种"幼稚的、低级的、庸俗的、不用脑筋"[②] 的东西，换句话说就是片面地热衷于形式，而忽视最本质的内容和效果。思想政治教育载体作为承载思想政治教育信息的中介，它本质上是为思想政治教育实践服务的，如果不注重实质性的思想政治教育内容而一味地去追求所谓最新的形式，那么思想政治教育载体自然就容易成为与思想政治教育不相干的一种"修饰"。

在当前的思想政治教育载体运用实践中，存在着一种形式主义倾

---

① 郗波、杨利锋、姚洁：《当代大学生荣辱观调查》，《教育探索》2009 年第 2 期，第 107 页。
② 《毛泽东选集》第 3 卷，人民出版社，1991，第 839 页。

向。譬如，随着通信技术的发展以及手机的普及，部分思想政治教育者追赶"时髦"，通过"手机短信""QQ"等通信工具，代替其他传统的行之有效的思想政治教育载体。这易于降低思想政治教育载体承载内容的科学性及可信度，在突出形式的同时，有损害于思想政治教育载体承载内容的吸引力。因此，我们在思想政治教育载体运用的过程中，要坚持反对形式主义的错误倾向，要分清注重载体的具体形式与形式主义的差别。"我们做工作，需要有一定的形式，没有形式，内容就表现不出来，但不能搞形式主义。搞形式主义，要害是只图虚名，不务实效。"①思想政治教育载体运用过程中出现的形式主义倾向，会直接抵消思想政治教育内容的部分积极成果，阻碍着思想政治教育效果的实现，这可以在我们的问卷调查数据中得到明证。我们的调查问卷中，在回答"您认为当前或以前开展的一些宣教活动效果怎么样"这一问题时，选择"不错，很受欢迎"的有62人，选择"还行吧"的有50人，选择"形式主义"的有298人，调查问卷的对象一共是400人，选择"形式主义"的就占到了74.5%，这一数据足以说明在思想政治教育载体的运用过程中存在形式主义的倾向。

第二，本末倒置，形式压过内容。

思想政治教育载体的运用在形式上要力求新颖、有吸引力，但更应在内容上求精，在效果上求优。如果仅追求形式的新颖，而忘却了核心的内容，则是舍本逐末。譬如活动载体在运用的过程中尽管形式较为新颖，富有趣味性和吸引力，但教育性却不强，导致其重点不在于有效地传递思想政治教育信息，而是更多地关注于提升群众的参与性。这样开展的活动，不易于深入挖掘活动本身所承载的思想政治教育信息，结果就使活动的开展浮于面上，不能启迪受教育者的思想政治觉悟，育人效果自然是很有限的。

---

① 江泽民：《江泽民文选》，第三卷，人民出版社，2006，第132页。

第三节　思想政治教育载体承载内容的注入困难

在思想政治教育实践中，思想政治教育载体可以被喻为承载传递思想政治教育内容和信息的工具（器皿），工具要发挥育人作用，关键还要看其中承载的思想政治教育内容。思想政治教育载体承载和传递的思想政治教育内容绝非载体本身所固有的，而是思想政治教育者在运用特定载体时为其注入的。在这种情况下，思想政治教育者在运用载体时就有一个重要的问题需要去解决，即如何有针对性地根据不同的教育对象及教育目标为思想政治教育载体注入适宜的思想政治教育内容。这个问题的解决首先需要思想政治教育者深入了解不同的思想政治教育载体的特点及运作方式，必须具备对大量的思想政治教育内容和信息甄别、选择并自觉注入载体的能力。在当前的思想政治教育载体运用实践中，在为载体注入思想政治教育内容这个问题上还存在一些误区与困难。

一　未预先对所选取的载体进行内容注入规划

部分思想政治教育者在选择运用思想政治教育载体时，存在一定的盲目性，不预先对选取的载体进行内容注入规划，错误地认为思想政治教育载体运用了就有效果。这种载体运用行为犹如无头苍蝇四处乱撞，这种现象在思想政治教育活动载体的运用实践中较多见。活动载体是改革开放后一种新颖的思想政治教育形式，它的出发点是要让受教育者在具体的活动中更直观地、更深刻地领悟特定的思想政治教育内容和信息。思想政治教育活动载体运用的一个必备前提就是思想政治教育者在开展活动之前就应预先规划好活动载体承载内容的具体方案，通俗地讲就是要提前思考我们要为活动注入哪些思想政治教育内容和信息。如果我们不提前做好此类准备工作，活动载体的运用可能就会流于形式。譬如，在当前部分单位组织的红色旅游及各种考察活动中，主办方简单宣布一下活动的行程，参与者游玩后交流一心得体会就仓促了事了。这其中的问题就在于，主办方（思想政治教育者或组织）没有提前思考通过这一活动的开展要达成什么样的教育目的，没有在此基础上自觉地为活动注入特定的适宜的教育内容，活动最终可能会流于形式。因此，思想政治教育载体只是承载传递思想政治教育内容和信息的媒介，如果不提前对这一媒介进行思想政治教育内容的注入，那么载体的运用只能流于形式，育人效果自然不能实现。

二 未及时地把反映时代精神的思想政治教育内容注入载体

在载体内容注入问题上还有一个误区，就是对思想政治教育载体进行了思想政治教育内容的注入，却没能及时地对思想政治教育内容进行更新优化，即没能把反映时代要求且受教育者需要的思想政治教育信息注入载体。思想政治教育者在进行思想政治教育内容的注入时，可以有两种方式：一是不加任何改变地把国家制定的方向性的思想政治教育内容直接注入思想政治教育载体；二是在坚持大方向的前提下，及时地把反映时代要求及受教育者需要的具体思想政治教育同时注入思想政治教育载体。显然，第二种方式最易于实现思想政治教育内容的与时俱进，但这种方式对思想政治教育者的要求也最高，并非所有的思想政治教育者都能够具备这种载体运用的意识及能力。在当前的思想政治教育载体运行实践中，大部分思想政治教育者习惯于也擅长于运用第一种方式开展思想政治教育工作。在这种情况下，思想政治教育载体的运用效果就易于打折扣。这在思想政治教育网络载体的运用实践中表现较为突出。思想政治教育网络载体是改革后我们发现并不断完善的一种新兴思想政治教育载体，主要针对的是广大青年受教育者，它承载的信息量大、传播面广泛，它的具体运作形式也很多，如红色网站、思想政治教育专题博客、思想政治教育 QQ 等。在思想政治教育网络载体的运用实践中，一部分思想政治教育者过多地强调和追求网络载体具体形式的创新，而忽视了网络载体与所承载的思想政治教育内容的匹配与更新，这也就会影响到思想政治教育网络载体的运用效果。如果我们能运用上述第二种方式操控网络载体，则可以更好地发挥网络载体的育人效果。

第四节　部分教育者媒介素养的缺失

随着科学技术的发展，网络、手机等新媒体已经成为人们生活不可或缺的一个组成部分。在此背景下，思想政治教育者需要具备一定的驾驭新载体开展思想政治教育工作的能力，即思想政治教育者应具备一定的媒介素养。媒介素养就是公众正确认识媒介、使用媒介的能力或修养。1992 年，美国传媒素养研究中心将其定义为：人们面对传媒的各种信息时的选择能力、理解能力、质疑能力、评估能力、创造和制作能力以及思辨性回应能力。而媒介素养教育就是对公众进行媒介能力方面的教育，其目的是帮助公众正确认识传媒的性质，提高对各种媒体信息的解读和批判能力，以及正确使用媒体为个人生活、社会发展服务的能力。[①]

思想政治教育载体运用水平的提升，离不开科学技术的发展。当前能够影响思想政治教育者运用载体的两个基本技术因素要数多媒体教学技术及网络技术。从这两种技术角度看，思想政治教育者的媒介素养的缺位主要体现在以下两个方面：一是部分思想政治教育者驾驭多媒体教

---

① 宫淑红、张洁：《媒介素养教育理论与实践》，山东人民出版社，2010，第 20 页。

学技术的素养比较匮乏；二是部分思想政治教育者驾驭网络技术的能力比较薄弱。

一　部分思想政治教育者驾驭多媒体教学技术的素养比较匮乏

20世纪90年代，多媒体技术发展起来并逐步得到普及，它是借助于计算机把文字、图像、声音等媒体集成在一起，并通过计算机进行综合化的处理，从而完成交互式操作的信息技术。多媒体技术获得发展后，便逐步运用于教学领域，形成了多媒体教学技术，即在教学过程中使用计算机，将教学过程中需要的各种资料按照既定的教学目标整合起来，从而达到辅助课堂教学的目的。多媒体教学技术可以实现教学过程中文字、图像和声音的统一，再加上其借助于计算机的形式展示出来，对受教育者而言比较有吸引力。在思想政治教育载体运用过程中，思想政治教育者多媒体教学技术的掌握程度也会影响到诸如课程载体等思想政治教育载体的运用成效。多媒体技术应是思想政治教育者特别是学校思想政治教育工作者必备的教育技术之一。从当前的教育实践来看，部分思想政治教育者对多媒体技术的掌握和运用还存在着一定的误区与不足。

首先，部分思想政治教育工作者没有较充分地掌握多媒体技术，这主要体现在多媒体课件的制作上。譬如，在学校思想政治教育载体运用实践中，绝大部分思想政治教育工作者在从事思想政治理论课时都会考虑辅助多媒体技术，即制作多媒体教学课件。但遗憾的是，一些思想政治教育工作者由于不熟悉多媒体技术，耗费大量的时间制作出的多媒体课件也并不尽如人意。这些课件往往是对书本知识的重复或者就是电子版的板书，没有实现声、像、文字的统一。这反映出的是部分思想政治教育工作者对多媒体技术的掌握并不到位。

其次，部分思想政治教育工作者在运用多媒体技术辅助思想政治教育教学的能力不足。多媒体技术辅助思想政治教育，可以把枯燥的思想政治教育内容比较形象直观地展现出来，但往往容易忽视、干扰受教育者的理性思维，这就需要思想政治教育者制作和展示课件时，多注意与受教育者沟通交流，及时调整多媒体课件的数量。多媒体教学技术的发展，一方面促进了教学方式的变革，但另一方面也会使部分教育者产生一种认识上的误区，即认为只要有了计算机，上课就容易了，事前准备一个 PPT（甚至可以在网上下载别人已经做好的），上课直接上讲台，动动鼠标然后根据 PPT 进行讲解，更有甚者干脆自己不讲直接播放 PPT 让受教育者观看即可。这种情况下，思想政治教育者就活脱脱成为一个操作员和讲解员，这就抹杀了思想政治教育者在课堂上的主导地位，忽视了传统课堂教学对学生的启发作用，导致课堂上师生之间的情感交流与互动匮乏，受教育者真实的需要得不到满足，这样的课堂教学效果可想而知。

二 部分思想政治教育者驾驭网络技术的能力比较薄弱

从 20 世纪 90 年代起，伴随着国际互联网的出现，以计算机技术、通信技术和信息技术为基础的网络技术突飞猛进地发展影响了社会生活的各个方面。网络技术具有开放性、交互性、匿名性、透明性、全球性、去中心化的特点。在思想政治教育载体的运用实践中，网络技术起到了相当重要的辅助作用。

在当前的思想政治教育载体运用实践中，部分思想政治教育者的网络知识有限，对网络技术的掌握和运用还较为薄弱，缺乏运用网络平台进行思想交流的能力，这必然会影响载体的运用成效。我国的思想政治教育工作者，除了做思想政治教育工作，还要做日常的管理和教学工作。这就使得他们没有充分的时间和精力学习和掌握网络技术。还有一些思想政治教育工作者囿于年龄和语言等因素的影响，习惯于传统的思想政治教育方式，在知识结构方面还不能适应网络时代的需要。不熟悉网络技术，自然会导致部分思想政治教育工作者无法运用网络技术辅助思想政治教育载体的运用。譬如，在当前高校思想政治教育领域，大部分思想政治教育工作者在从事最基本的思想政治理论课教学的同时，都意识到了网络的重要性，也很想把课程载体与网络有机地结合起来，以深化课堂思想政治教育效果，这就需要思想政治教育工作者要熟悉网络技术、了解网络语言并能借助其与受教育者沟通交流。譬如，某高校校园 BBS 上，一位学生发了一个帖子："倒，7456，偶粉郁闷的啦，偶今天在食堂里吃东西，遇到一件粉寒的事情。"在这里，该学生运用了大量的互联网语言。如果思想政治教育者的网络技术素养和网络技术的驾驭能力不够的话，就有可能无法明确的把握真实的意思表达，就会影响到教育者和受教育者之间的沟通，最终会影响到网络载体的运用效果。

第五节 受教育者主体地位的弱化

从传播学视角看，思想政治教育载体的运用形成了一个完整的传播过程。在这一过程中，虽然思想政治教育者可以选择传递思想政治教育信息的特定载体，但受教育者也有权利决定他是否认可并接受载体及其承载传递的思想政治教育信息。由此可见，在思想政治教育载体的运用过程中，思想政治教育者和受教育者都是主体。所不同的是思想政治教育者是载体的运用主体，而受教育者是思想政治教育载体的接受主体，他们的地位是平等的。遗憾的是，长期以来，在思想政治教育实践中，受教育者一般是被当作教育的"对象"对待的，在思想政治教育理论研究领域受教育者一般也被定位为"思想政治教育客体"，即便有些论者提出受教育者也是思想政治教育主体，但一直没有完全得到认可。实践中的思维定式及研究中的争议，导致受教育者在思想政治教育载体运用实践中的主体地位一直难以得到保障和认可。这种情况在思想政治教育课程载体和网络载体的运用中都很典型。在课程载体的运用过程中，思想政治教育内容和信息的传递机制是从教育者→受教育者的一种单向机制。在这种单向的信息传递机制中，教育者成了天然的教育主体，享有充分的思想政治教育内容、信息的选择权，教什么和怎么教完全由教育者确定；受教育者自然成了教育的对象。受教育者主体地位得不到保障，自然导致思想政治教育内容和信息传递不畅，即无法被受教育者认可和接受。在思想政治教育网络载体的运用实践中，思想政治教育者和受教育者地位本应是平等的，受教育者不是客体，他和教育者一样都是主体。受教育者的主体地位主要表现在以下几个方面。

一 受教育者对载体及其传递的信息具有很大的选择性

思想政治教育载体的运用过程，实质就是一个思想政治教育信息从思想政治教育者到受教育者然后又进行反馈的过程。在这个信息传递和反馈过程中，信息的交换双方（即思想政治教育者和受教育者），他们都对载体及其承载的信息具有自主选择性。

在思想政治教育载体的运用过程中，虽然最初载体的选择及载体承载的内容都是由思想政治教育者设计的，但当载体及其承载的思想政治教育内容和信息真正指向受教育者后，受教育者则拥有了很大的选择性。受教育者对外界输入的信息都要进行苛刻的挑剔，然后选择。这种选择有对内容的选择，也有对形式的选择。在对内容的选择中，有对积极内容的选择，也有对消极内容的选择。受教育者，尤其是年轻人，他们往往看重自我，他们所喜欢的思维方式是内心审度。当教育的内容与其已有的价值观念相x或相反时，他们往往回避之或抵制之；当受教育者认为这种教育同自己的已有价值观念相同或相近时，他们就会表现出一定的兴趣，产生共鸣，思想逐渐地向教育的内容靠拢。在对教育形式的选择上也是如此。当教育的形式为受教育者所喜爱，易于为受教育者所接受时，就选取；反之，则不选取。

二　受教育者对载体传递的信息具有再创造性

由于人的主观意识的能动作用，人们在接受外界输入的信息时，不是刻板地摄取和机械地复制，而是根据自己的信息储蓄，进行能动的想象、发挥和充实。正是这种想象、发挥、充实，使得人们接受了的信息已不是原来意义上的信息，而是体现着受教育者一定感受、体验、理解，具有一定主观色彩和倾向性的再创造性的"信息"了。在受教育者对教育内容的再创造上，由于人们的个体经历、思想观念等的不同，所以对同一信息的再创造也不同。同时，由于人们的认识是不断地发展的，所以，同一受教育者对同一信息的再创造在不同时期也不同。再者，由于同一受教育者在不同环境场合的心绪、感受不同，所以，同一受教育者对同一信息在不同环境、不同场合的再创造也不同。当然，无论受教育者的再创造度如何，仍有所输入信息的基本影子在内，是在所输入信息的基础上的再创造。

三　受教育者接受载体传递的信息后具有自变性

在接受思想政治教育载体传递的信息后，受教育者立即调动起自己的思维细胞，通过积极的内心反省，对自己的已有意识进行自觉的扬弃，并实现自我教育。这种对自己已有意识的自我教育，包含自我肯定和自我否定两个方面。这是因为，人本身具有矛盾性。一个人有时对同一事物产生两种或两种以上的看法，有时吸收一些互相矛盾的教育内容。由于这些矛盾的建立和冲突，就破坏了自我统一，其对立和冲突的结果导致某种思想占上风，形成新的自我统一，达到了自我肯定或自我否定。也正是由于这种不断的自我肯定或自我否定，使受教育者所接受的信息得以储存，同时也使受教育者的思想观念逐渐发展和趋于稳定。

可见，在思想政治教育实践中，受教育者应与教育者一样都具有主体性。在思想政治教育载体运用实践中，受教育者虽然不是思想政治教育载体的发起运用者，但他是思想政治载体运用的接受者，他是思想政治教育载体运用实践中的接受主体。思想政治教育载体的运用成效最终要落脚于受教育者。如果受教育者不发挥主体能动性，不把自己当作载体运用实践中的主体和主动参与者，势必会影响到载体的运用成效。

第六章

思想政治教育载体有效运用的原则和机制

第一节　思想政治教育载体有效运用的原则

和其他科学活动一样,思想政治教育载体的运用也不是随意的,它要遵循社会发展的规律、人的发展规律特别是思想政治教育规律。规律是原则的依据;原则是规律的体现,是规律的具体化。因比,思想政治教育载体的有效运用也必须遵循一定的法则或标准。

一　效能原则

思想政治教育载体的有效运用,顾名思义就是要实现思想政治教育载体育人目标的最大化。因此,思想政治教育载体的运用首先必须坚持效能原则。在运用思想政治教育载体的过程中,依据思想政治教育的目标,力求取得最佳效果,即实现实际效果与预期效果的统一。效能原则,是对思想政治教育载体运用提出的基本要求。在思想政治教育实践中,思想政治教育载体的运用是有明确目的的,其目的就是要发挥思想政治教育载体的育人功能,促进受教育者全面发展和社会的全面进步。

而思想政治教育载体的功能，实际上就是思想政治教育载体运用的效能问题。如果目的不明确、效用不大、效果不佳，思想政治教育载体的运用也就失去了应有的价值和意义。

思想政治教育载体的运用之所以要坚持效能原则，是由思想政治教育载体开发运用的成本与效益的辩证关系决定的。用最小化的成本取得最大化的效益，是人类一切活动的原则，思想政治教育载体的运用也不例外。任何思想政治教育载体的运用都不是无偿的，都是需要支付代价的，这是由思想政治教育载体的社会属性决定的。运用思想政治教育载体，必须要有一定形式和数量的投入，这种投入就是思想政治教育载体运用的成本。就思想政治教育载体的运用而言，当产出不变时，投入越小，效益就越大。因此，我们在思想政治教育载体的运用过程中要尽量降低成本，提高效益。按效能原则运用思想政治教育载体，可以从以下三个方面着手。

一是要坚持实事求是的思想路线。毛泽东曾在《改造我们的学习》一文中，对"实事求是"作了经典性解释。他说："'实事'就是客观存在着的一切事物，'是'就是客观事物的内部联系，即规律性，'求'就是我们去研究。"① 实事求是是马克思主义的精髓和灵魂，是中国共产党的思想路线，是思想政治教育载体有效运用的基础和前提，也是思想政治教育载体运用的出发点和落脚点。实事求是地运用思想政治教育载体，就是要针对受教育者的实际情况和个性特点，遵循人们思想生成和发展的规律，选择具有针对性的载体形式，努力使思想与实际相符合，以求收到最佳的思想政治教育效果。

二是实行目标管理。1954年，美国纽约大学教授彼得·杜拉克在《管理的实践》一书中，首次提出"目标管理"的概念。他认为，管理人员应通过目标对下级人员进行管理，就是把管理系统的总任务转化为

---

① 《毛泽东选集》第3卷，人民出版社，1991，第801页。

组织的共同目标，由此决定上下级的责任和分目标，只有每个人都达到了自己的分目标，组织的总目标才能实现。有效运用思想政治教育载体，也应贯彻目标管理的理念。思想政治教育的总目标就是培育和造就有理想、有道德、有文化、有纪律的社会主义新人，它也可层层分解，可将远期目标近期化、抽象目标具体化、集体目标个体化。为了实现这些目标，就必须借助于诸多思想政治教育载体。运用思想政治教育载体就应使这些目标更加具体，实行目标管理。

三是反对形式主义。运用思想政治教育载体，切忌搞形式主义或走过场。形式主义是效能原则的大敌，它只追求热热闹闹的形式，只做些表面文章，不讲客观的实际效果。这在思想政治教育实践中危害极大，曾经严重地损害过思想政治教育的形象，败坏过思想政治教育的声誉，我们必须在思想政治教育载体运用过程中加以摒弃。只有这样，思想政治教育载体才能得到充分而有效的运用，也才能取得思想政治教育的最佳效果。

二　受教育者需要原则

思想政治教育就是做人的工作，或者说做人的思想工作。这就要求我们必须了解和掌握受教育者的思想和动机。又因为人的各种需要和利益是产生特定动机的根源，而一定的动机形成特定的思想，并在这一思想支配下产生一定的行为。因此，运用思想政治教育载体必须首先了解、掌握受教育者的需要和利益，进而满足受教育者的合理需要和利益，才能使思想政治教育载体的运用具有针对性、实效性和主动性。马克思主义认为，人不仅有物质利益的需要、精神文化的需要、劳动的需要、交往的需要，而且有价值的实现和全面发展的需要。而现实中的人追求需要和谋取利益是思想政治教育载体运用实践得以存在和发展的内在动力。对需要的满足和利益的追求始终是人们的一切社会行动的出发点和社会发展的强大动力。思想政治教育载体的运用,同样绕不开受教育者的需要和利益问题,充分重视和不断满足受教育者的需要和利益是思想政治教育载体有效运用的重要原则之一。

落实受教育者需要原则,可以从以下几个方面着手。

第一,思想政治教育载体的运用要满足受教育者物质利益和物质生活的需要。我们在运用思想政治教育载体时,不仅要考虑到思想政治教育功能的发挥,即社会效益,同时更要充分预料到因经济投入给受教育者带来的负担和影响。如果群众因此负债累累,叫苦不休,我们在损害受教育对象经济利益的同时,也损伤了他们的感情和主动性,甚至会出现思想政治教育负效应的结果。相反,我们在载体构建过程中注意保护了群众需要和利益,就会收到良好的思想政治教育效果。譬如在农村大众传媒载体的运用过程中,我们就很好地坚持了这一原则。2006 年 9 月 20 日,国务院办公厅发布了《关于进一步做好新时期广播电视村村通工作的通知》,通知指出:"从上个世纪末至今,广播电视村村通工程取得了重要的阶段性成果。1998 年到 2003 年,已通电行政村实现了村村通;2004 年到 2006 年,已通电 50 户以上自然村基本实现村村通。据统计,到 2006 年 6 月底,全国各级政府共投入资金 36.4 亿元……新时期广播电视村村通工程的实施,极大地改变农民群众收听收看广播电视节目难的情况。"此外,思想政治教育载体的运用不仅要照顾到受教育者的物质利益,更要为受教育者的经济收入和物质需要服务,比如通过网络载体建设,实现农副产品的网上交易等。

第二,思想政治教育载体的运用要满足受教育者的精神需要。当人的物质生活需要得到一定的满足后,必然产生相应的精神生活需要。改革开放后,我国民众的物质生活需要日益得到满足,在这种情况下,群众的精神需要应成为我们考虑的当务之急。思想政治教育载体的运用要满足人们的精神生活需要,既是思想政治教育以人为本的内在规定,又是思想政治教育载体当代服务职能的体现。因此,我们在思想政治教育载体运用实践中,要坚持以人为本,要关注社会主义市场经济条件下受教育者思想观念和精神需要,给受教育者提供人文关怀。要通过建设和运用富有知识性、趣味性、感染性的载体形式,不断丰富人民群众的精神文化生活,最大限度地满足人们的发展需要和享受需要,从而达到教育人、培养人、陶冶人和塑造人的目的。

三 层次推进原则

层次推进原则是指在思想政治教育载体运用过程中,从受教育者的特点出发,根据受教育者的不同思想品德状况,选择和运用不同的思想政治教育载体。层次推进原则是由受教育者的个体差异性决定的。人的思想发展状况是不平衡的,由于先天条件、后天影响、主观努力的差异,导致个人思想品德千差万别。人总有先进、中间与落后等层次上的区别,特别是改革开放以来,随着社会主义市场经济体制的建立和完善,经济成分、生活方式、就业形式等日益多元化,这也使人们的思想状况变得更加复杂,思想状况完全相同的情况是没有的。运用思想政治教育载体,只有针对不同的思想层次,选择不同层次的载体形式,才能收到预期的教育效果。正如邓小平同志所说:"我们在鼓励帮助每个人勤奋努力的同时,仍然不能不承认各个人在成长过程中所表现出来的才能和品德的差异,并且按照这种差异给以区别对待。"[①]

落实层次推进原则,可以从以下几个方面着手。

一是要正确把握受教育者的层次性。受教育者总是分为不同层次的,所以我们在运用思想政治教育载体时就要认真分析这种层次性。教育者不仅要从总体上把握受教育者的层次性,以便更好地纵观全局,更好地把握不同类型受教育者的思想品德形成和发展规律,而且更要对自

---

① 《邓小平文选》第 2 卷,人民出版社,1994,第 106 页。

己工作范围内的受教育者做具体的类型分析和层次分析，以便因人而异，有针对性地开展思想政治教育。只有对受教育者的层次性有了准确的把握，才能有意识地运用恰当的载体对其进行教育。

二是要根据不同受教育者的实际情况，选择和运用不同的思想政治教育载体。思想政治教育的对象是人，而现实中的人具有不同的社会属性和时间、空间属性，可以从不同角度将其划分为不同类型、不同层次。如按职业标准可分为工人、农民、知识分子、领导干部、青年学生等类别层次；按思想觉悟水平，可分为先进、中间、后进等群体层次。由于他们在教育背景、成长环境等方面存在差异，思想道德水平表现为不同层次，在思想政治教育载体的选择和运用上，也就有所区别。如对性格内向和容易自卑的受教育者，不适宜经常采用批评性、否定性的语言载体，而更适宜采用鼓励性、肯定性的语言载体及行动载体，多以先进榜样的人格力量去感召、感染和感化他们；对知识层次较高的受教育者，可选择和运用理论研讨会、现代网络传媒等载体，而对知识水平较低的受教育者则宜于以活动载体、管理载体为主等。

三是要坚持循序渐进，反对急于求成。运用思想政治教育载体应遵循循序渐进的思想发展规律，要有节奏、有层次。无论是对哪一个类别或哪一层次的受教育者进行教育，载体的运用都要环环相扣、层层推进，而不可一哄而上。载体的设计与开发要将先进性要求与广泛性要求结合起来，使载体的运用能够形成梯次渐进的态势，使不同层次的受教育者在各自原有的基础上都能不断进步，要反对和克服在思想政治教育载体运用上的"急于求成"和"急功近利"倾向。

四 协同配合原则

思想政治教育载体是思想政治教育系统中介体要素之一，充分发挥思想政治教育载体的育人功能，需要思想政治教育系统内其他要素的协同配合。唯有如此，才能形成思想政治教育合力。所谓思想政治教育合力，是指思想政治教育系统内各要素在时间和空间上相互协同配合产生的教育力量。

落实协同配合原则，需要从以下几个方面着手。

第一，思想政治教育载体的运用要与教育者因素协同配合。思想政治教育者是一定社会所需求的思想品德规范的传授者，是整个思想政治教育过程的组织者和引导者。思想政治教育载体的运用要与思想政治教育者的文化素养和个性特征相符合。这就要求，在思想政治教育载体的运用过程中，要充分考虑教育者的文化程度、操作与运用载体的能力等因素，实事求是地选择安排具体的载体形式。譬如，在教育者文化水平相对较低的教育环境中，只能采用语言载体和管理载体等；相反，就要运用科技含量较高的网络载体、电子传媒载体等形式。与教育者个性特征相符合，就是要在载体构建中扬其所长、避其所短，发挥教育者个性优势。如擅长演讲的思想政治教育者，可能更多地会以语言为思想政治教育载体；长于写作的思想政治教育者，可能更多地选择文字作为思想政治教育载体；新闻工作者出身的思想政治教育者，会更多地倾向于选择大众传媒为载体；熟悉计算机及网络应用研究的思想政治教育者，则会更多地借助于网络载体等。

第二，思想政治教育载体的运用要与受教育者因素协同配合。受教育者是思想政治教育载体指向的对象。受教育者的个体状况，直接影响思想政治教育载体的选择，也反映思想政治教育的效果。思想政治教育载体的运用与受教育者因素的协同配合，一是要注意受教育者文化水平、受教育程度对思想政治教育载体选择的影响。知识水平和受教育程度高，可供选择的思想政治教育载体种类就多，载体的科技含量就高，而且多以自我教育、理论教育为主；反之，知识水平和受教育程度低，可供选择的思想政治教育载体种类就少，载体的科技含量就低，而且多以灌输教育为主。二是要将受教育者的生理状况作为思想政治教育载体选择的重要依据。一般说来，以视觉为优势感官的受教育者选择如文字载体等视觉载体，效果更佳；失聪的受教育者选择广播为载体，效果同样好。

第三，思想政治教育载体的运用要与环体因素协同配合。思想政治教育环境，就是指"思想政治教育所面对的环绕在受教育对象周围并对其产生影响的客观现实。是除了教育以外，影响教育对象的一切外因的总和"。① 如前面章节所述，思想政治教育载体与环境的关系十分密切。思想政治教育载体始终是在环境的影响和制约下存在和发展的，不仅其构成要素是由环境提供的，而且其组合方式和走向都受到环境的规定和制约。另外，载体的优与劣反过来又对环境产生一定的影响。载体与环境的这种关系，就要求思想政治教育者在调节和控制载体时，必须始终注意使载体和环境保持良好的、和谐的、同步发展的关系，即既要坚持从环境的客观实际出发，适应环境的发展规律和要求，又要充分发挥自觉能动性，择优选择环境的各种因素，不断地建构既有利于支持思想政治教育，也有利于影响和牵引环境发展的载体，以实现思想政治教育载体和环境的最佳协调与配合，提高思想政治教育的效果。如在偏僻、落后的农村，特别是老、少、边、穷地区，主要就是靠语言、行动等简单载体；而在熙攘、发达的城市，更多的则是传媒、网络等现代载体。此外，思想政治教育载体的选择和运用也要考虑特定的政治环境、文化背景等因素，否则载体使用就会变成虚无的形式主义，不但浪费了思想政治教育载体资源，更对思想政治教育形成消解。

总之，思想政治教育载体的运用不仅要与思想政治教育者、受教育者和环体因素协同配合，也要与教育目标、教育内容、教育方法等因素协同配合。只有遵循了思想政治教育系统内各要素协同配合的原则，才能真正形成思想政治教育的育人合力，才能最大化地落实思想政治教育

---

① 陈秉公：《思想政治教育学原理》，辽宁人民出版社，2001，第279页。

载体运用的实效。

五 借鉴与创新相结合原则

坚持借鉴与创新相结合原则是指在思想政治教育载体运用过程中，既要借鉴和吸收国外先进的思想政治教育载体运用的经验，又要结合我国的实际开发建设新型中国特色思想政治教育载体。

落实借鉴与创新相结合原则，可以从以下两个方面着手。

第一，要注重借鉴和吸收国外先进的经验和优秀的成果。江泽民同志在《庆祝中国共产党成立八十周年大会上的讲话》中强调："发展社会主义文化，必须继承和发扬一切优秀的文化，必须充分体现时代精神和创造精神，必须具有世界眼光，增强感召力。"[①] 西方有许多可供借鉴的思想政治教育载体理论，如公民政治社会化理论、隐性课程理论、麦克卢汉的媒介理论、行为主义理论、麦奎尔的传播理论等。西方还有丰富的思想政治教育载体建设的经验。如美国重视大众传媒、社区和社团的作用，重视以社会科课程、公民教育课、经济教育、历史教育、政治—法律课程为主要内容的德育课程；重视高校的学生工作，强调专家的非学术评议咨询活动、法制化的校纪管理、学生社团和被视为"必修课"的课外活动、"学生是上帝"的服务工作等。新加坡把课堂教学、学校生活和课外活动作为学校思想政治教育的主要途径，特别重视以全国性活动、家庭、社区和廉政建设为内容的社会性思想政治教育。全国性活动中影响较大的有国家意识教育、儒家伦理教育、全国礼貌运动等。这些理论和经验是根据各国思想政治教育的实际提出的，有其科学性的一面，其中许多方面实践已经证明是可行的，值得我国高校思想政治教育载体建设借鉴。

---

① 江泽民：《江泽民文选》，第三卷，人民出版社，2006，第278页。

第二，在借鉴西方思想政治教育载体理论和经验的同时，还要结合我国的社会性质及思想政治教育载体建设的实际，有所创新、有所发展。既不借口它是资本主义国家的东西而盲目排外，拒绝接受；也不借口开放，不考虑我国思想政治教育的具体情况不加分析地对外来东西来者不拒，照搬照抄。

第二节　思想政治教育载体有效运用的机制

选取和设计思想政治教育载体需要遵循以上原则，以保证载体的适宜性和科学性，同样在实际运用过程中也应坚持相关运用机制。机制，原指机器在运动过程中，各部件之间按照某种机理形成的因果联系和运转方式，泛指一个工作系统的组织或部分之间相互作用的过程和方式。① 现已广泛应用于各学科的研究。在社会科学领域里，机制指社会机构、组织内部机构及其运行过程和原理，或社会政治、经济、文化活动各要素之间相互关系、运行过程及其综合效应。思想政治教育载体的运用机制，是指在思想政治教育载体运用实践中，各构成要素依据思想政治教育规律形成的因果联系和运转方式、方法。

一　系列化运用机制

系列化运用机制，即针对同一思想政治教育内容，运用系列化的不同类型的思想政治教育载体，通过不同类型的思想政治教育载体释放同一思想政治教育内容和信息，以实现教育效果的最优化。实践已经证明"重复"是比较重要的一种学习方式，以某一主题为主要内容

---

① 《现代汉语词典》，外语教学研究出版社，2002，第892页。

的思想政治教育工作要真正深入人心、为受教育者所接受，需要教育者在不同时空、不同层次多次重复教育内容。在此情况下，思想政治教育者在运用思想政治教育载体时就应该坚持系列化运用机制，围绕某一主题、某项任务，尽可能将相关的不同种类的思想政治教育载体都调动组合起来配套运用，以达到前后呼应、相互支持、层层递进的教育效果。

思想政治教育载体必须要系列化地运用，因为无论运用何种载体，都必须要保持教育影响的一致性和连贯性。[①] 在思想政治教育载体系列化运用过程中，可先依据一定的标准将思想政治教育载体分为不同的序列，然后理顺各序列之间的关系，形成相互联结、相互支持和促进的思想政治教育载体系统，以确保思想政治教育载体育人功能最大化的发挥。系列化运用机制，强调不同类型的思想政治教育载体围绕某一教育主题和任务的组合运用，它起到了一种教育效果的叠加作用。如 2015 年是抗日战争胜利 70 周年，围绕"抗战纪念传递爱国主义情怀"这一主题任务，我们可以系列化运用不同的思想政治教育载体，通过课堂宣传、主题征文活动、座谈、抗战文化宣传和抗战文艺演播等方式组合进行。

二 综合化运用机制

综合化运用机制，就是将不同种类、不同形式的思想政治教育载体组合在一起的载体运用机制。综合化运用机制是一种全局化的载体运用观念，是着眼于思想政治教育的完全化、整体化，从大战略、大思路、大视野的角度对载体的综合性运用，其目的是要使各种载体相互支持、相互合作，达到强大的整体运用的综合效果。这种机制侧重于对相关载

---

① 王道俊：《教育学》，人民教育出版社，1989，第 138 页。

体的组合运用，是将相关载体的不同功能组合起来发挥作用。如：视听觉统一性载体的运用，既能作用于人的视觉系统，又能作用于人的听觉系统，并能将两者统一起来促进人政治、思想、品德的提高。从认知心理学角度看，人们认知的深刻程度和全面性有赖于感知的程度，而感知的程度依赖于人的感知器官与对象的关联。视听觉相统一功能的载体与单一功能载体相比具有表现形式多样化、合力作用大的优势，其效果是单一功能载体不可比拟的。

思想政治教育载体综合化运用机制，主要是基于以下因素的考虑。

第一，各种载体的条块分割造成思想政治教育载体整体功能的弱化，是思想政治教育载体综合运用的现实。思想政治教育系统是一个整体而非局部、开放而非封闭的、动态而非静态的特殊生态系统。这个过程并不是简单地依靠其一个或若干个思想政治教育载体的个体运用就能够产生效果的。在当前的思想政治教育载体运用过程中，各载体间条块分割的问题比较明显，不同力量的思想政治教育载体间的呼应和配合，常常表现出自发、无序等离散状态，结构分布也不尽合理。比如，在高校思想政治教育实践中，思想政治理论课程载体是高校工作者最常用的主要载体，但主要运用这一载体，再加上教学方法和手段比较传统、单调，学生作为被动的受教育者，易于产生抵触心理，因而其功能并不能完全得到发挥。如果思想政治理论课程载体能够和心理咨询载体综合运用，就可以整合各种载体力量，形成"载体合力"，这样一来，教育效果就会较单一载体的运用明显。

第二，人的思想形成的影响因素的多样性要求加强思想政治教育载体的综合运用。人们思想的形成、变化和发展不是直线式的，而是曲折起伏的。影响受教育者思想形成、变化、发展的因素不是单一的，而是多样的，加之受教育者个性特点的多样性，决定了我们在运用思想政治教育载体开展思想政治教育工作时，针对不同的受教育者，面对不同的问题，因时、因地、因人而异地综合、交替使用多种不同的思想政治教育载体。只有这样，才能适应人的思想发展变化的曲折性和复杂性特点，从而系统地把握受教育者思想发展变化的实际，形成思想政治教育载体的育人合力。千篇一律地"一刀切""一锅煮"，简单使用一种思想政治教育载体，不仅不会有良好的教育效果，而且会造成不良的后果。

三 立体化运用机制

立体化运用机制，是思想政治教育载体的整体化、立体化、全方位的运用机制。这种机制着眼于对全部载体的综合考虑和运用，往往是从某一地区或某一战线思想政治教育工作战略全局出发的一种载体运用机制，是从事物的普遍联系、思想品德的普遍联系以及载体功能的普遍联系出发思考和运用思想政治教育工作载体的大思路、大视野。高校思想政治教育工作就应在继承和发扬优秀的传统的思想政治教育载体的基础上，大胆开发创造新载体，着力建设适应新形势、新环境、新对象的思想政治教育载体的创新体系，整体运用各种载体，充分发挥"活动和过程"载体的教育功能，以最少的投入，获得最大的功效。如各类社会实践活动载体、各类争先创优活动载体、各类纪念或参观活动载体、各类文化活动载体、各类影视大讨论活动载体，等等，都具有巨大的思想政治教育功能，应给予特殊的重视和关注，予以重点开发和运用。

思想政治教育载体的运用工作是一项艰巨、复杂的系统工程，需要思想政治教育者和受教育者自觉地参与，努力使思想政治教育载体的运用系列化、系统化、体系化，从而形成全方位、全过程的思想政治教育工作网络，不留死角，实现思想政治教育载体的育人合力。1957年，毛泽东同志在谈到知识分子和青年学生的思想政治工作时就说过："思想政治工作，各个部门都要负责任，共产党应该管，青年团应该管,政府主管部门应该管,学校的校长老师更应该管。"① 思想政治教育载体的运用亦是如此,我们要最大化地调动思想政治教育载体,综合发挥每个思想政治教育载体的优势和作用,落实思想政治教育工作的成效。

---

① 《毛泽东著作选读》(下),人民出版社,1986,第730页。

第七章

思想政治教育载体有效运用的具体对策

作为思想政治教育系统内的一个要素，思想政治教育载体的运用离不开系统内其他要素的协调与配合。思想政治教育系统中的教育主体、教育内容、教育目标、教育环境等因素都会影响制约到思想政治教育载体的运用成效。因而，我们可以立足于思想政治教育载体与思想政治教育系统其他要素协调的基础上，寻求思想政治教育载体有效运用的对策。

第一节　提升思想政治教育者的综合素养

思想政治教育载体的运用主体是人，即思想政治教育者。邓小平指出：中国的事情能不能办好，关键在人。思想政治教育载体的运用也是一样，能不能做好，是否取得好的效果，关键在于思想政治教育者。思想政治教育者需要具备哪些素养呢？恩格斯对此做出了回答，他在批判海因时指出："党的政论家还需要具有更多的智慧、更明确的思想、更好的风格和更丰富的知识。"[1] 因此，要想落实思想政治教育载体的运

---

[1] 中共中央马克思恩格斯列宁斯大林著作编译局：《马克思恩格斯选集》第1卷，人民出版社，1995，第203页。

用效果，必须提升思想政治教育载体的运用主体即思想政治教育者的综合素养。

一 夯实思想政治教育者的思想政治素养

（一）思想政治教育者应具有良好的政治素质

良好的政治素养是思想政治教育者应具备的首要素质。通俗地讲，政治素质是教育者运用载体时的政治立场、观点、态度。只有政治素质过硬，思想政治教育者才能够在思想政治教育载体运用的过程中站稳立场，才能在借助载体传递思想政治教育信息时明确方向。因此，思想政治教育者要不断地通过理论学习及组织活动，强化自己的政治素质。只有政治素质过硬，思想政治教育载体的运用才能够坚持正确的信息导向。

（二）思想政治教育者应具有良好的思想品德素质

古人云：其身正，不令而行。在这里，古人是强调领导者个人品德的重要性。在思想政治教育载体运用实践中，思想政治教育者居主导地位。如果思想政治教育者人品端正，为人表率，自然可以借助思想政治教育载体顺利地把思想政治教育信息传递给受教育者，且能得到受教育者的认可；相反，如果思想政治教育者个人品行差，则会弱化思想政治教育载体的运用成效。因此，思想政治教育者要时刻注重提升个人品德修养，保持良好的人格形象，以身作则，为人表率。

（三）思想政治教育者应具有良好的心理素质

在运用思想政治教育载体的实践中，教育者会遇到许多困难，这就要求思想政治教育者要具有良好的心理素质。思想政治教育者要在载体运用效果好时不骄傲，要在载体运用出现困难时不气馁。因此，思想政治教育者在工作之余可以多学习一些心理学知识，以调适自己的心理。思想政治教育者只有具备良好的心理素质，才能将载体的运用实践推向深处。

二 完善思想政治教育者的职业素养

（一）确立崇高的职业理想

职业理想，是人们对其从事职业的预期。职业理想一旦形成，则具有相对的稳定性。要把思想政治教育载体的运用落到实处，要求思想政治教育者将其当作事业对待。从职业理想和职业责任角度看，思想政治教育者热爱思想政治教育工作，爱岗敬业，才能赢得受教育者的认可和尊重，是实现思想政治教育载体运用成效的基础。因此，党和国家要对思想政治教育者进行职业理想教育，同时思想政治教育者自身也要不断地加强理论学习，在具体工作中确立崇高的职业理想。

（二）树立良好的职业形象

美国管理学家巴纳德曾指出，如果教育者具有良好的形象，则受教育者更易于信服。思想政治教育者良好职业形象的打造可以从以下几个方面着手：一是思想政治教育者要不断加强身体锻炼，要具有充沛的精力，始终以饱满的精神状态出现在受教育者面前。二是思想政治教育者要不断强化自身的意志，要抵制不良思想，保持对思想政治教育工作的热情和责任感。三是思想政治教育者要不断改进自己的思想作风，要消除以往那种只注重空洞说教、高高在上的作风。"教育者教授过的知识可能被遗忘，但教育者的人格力量、特有的风范对受教育者的无形影响往往是终生的。"[①] 可见，思想政治教育者的言行对受教育者会起到潜移默化的作用。

三 强化思想政治教育者的专业素养

（一）完善知识结构

在学校思想政治教育领域，存在一种不良的现象，那就是将一些业

[①] 董建华：《漫谈教育者的文明与文明教育》，《辽宁教育研究》2003 年第 1 期，第 48 页。

务水平差的教师打发去开展思想政治教育工作。这些人往往没有接受过系统的思想政治教育专业学习，缺乏最基础的学科理论知识和相应的技术，载体的运用效果自然会受到影响。杜绝这种现象，就必须注重思想政治教育工作者队伍的建设。思想政治教育工作者要注重在日常的工作学习中，系统地学习本学科的基本理论知识，同时亦应加强相关学科的学习，如心理学、社会学、传播学等学科知识。思想政治教育载体的运用，需要借助于这些相关学科的知识，才能真正落实思想政治教育载体的运用成效。

（二）加固思想政治教育者的能力结构

思想政治教育者不但应具有丰富完善的知识结构，而且还应加固自身的能力结构。具体可从以下几个方面着手。

一是要提高自身思想预测的能力。"思想预测是社会预测的一部分，是指预测者根据人们思想变化的规律，根据感知和获得的有关现象及信息，合乎逻辑地推测人们思想观念、行为变化发展的趋势或可能性的性状，把握思想未来发展状况的预测活动。作为思想政治教育的认识方法之一，思想预测为制定思想政治教育的计划和规范提供了依据；对进行预防教育，争取思想政治教育的前瞻性和主动性提供了保证。"[①]

二是要提高自身运用现代信息技术的能力。随着经济和科技的发展，一些新型的信息交流手段诞生并不断普及，特别是网络、多媒体技术的普及，为我们提供了更多的思想政治教育手段。因此，思想政治教育者应不断掌握、运用这些技术手段，推进思想政治教育载体的成效。譬如，"网络传播具有形象性、时效性和能动性等特点，这是传统的思想政治教育工作无法比拟的"[②]。我们可以通过在网上开辟思想政治教

[①] 张胜芳：《论思想预测在思想政治教育中的运用》，《理论与改革》2003 年第 5 期，第 97 页。

[②] 周梅：《网络对大学生思想政治教育的影响及对策》，《洛阳师范学院学报》2004 年第 4 期，第 54 页。

育博客等方式，扩大思想政治教育的范围和覆盖面，落实网络载体的成效。

四　优化思想政治教育者的发展性素养

（一）树立终身学习的理念

思想政治教育者作为载体的运用主体，他需要赋予载体较新的思想政治教育信息，这需要思想政治教育者的思想理论与社会同步，需要思想政治教育者树立终身学习的理念。只有通过终身的学习，思想政治教育者才能够拥有渊博的基本理论知识、优良过硬的思想政治素质，便于形成娴熟的载体运用能力。

（二）培养思想政治教育者的创新能力

创新是社会进步的灵魂。随着教育的普及，全社会对教育的质量及效益越来越重视。培养具有创新精神和能力的人才成为教育的关键。在思想政治教育载体的运用实践中，亦需要加强培养思想政治教育者的创新精神。因为，只有努力创新思想政治教育载体及其承载内容，才能真正将载体的运用落到实处。

（三）培养思想政治教育者敏锐的信息观

从大众传播维度看，思想政治教育载体的运用形成了一个完整的信息传播过程。在这一过程中，教育者是思想政治教育信息的发出者，受教育者则是思想政治教育信息的接受者，而载体则是传播信息的媒介。在当今社会，信息成了一种无形的资产。"培养思想政治教育者的信息素质，是信息化时代思想政治工作的一种迫切需要。"[①] 在这种情况下，思想政治教育者要努力造就自身敏锐的信息观，凭借多样化的途径、手

---

① 杨书初：《试论思想政治教育者的信息素质》，《军队政工理论研究》2003 年第 12 期，第 51 页。

段特别是网络技术去收集、加工各种思想政治教育素材，从而为思想政治教育载体的运用奠定基础。只有这样，思想政治教育者赋予思想政治教育载体的内容才能与时俱进，才能使思想教育载体的运用更具艺术性和时代性。

五　打造思想政治教育者的亲和性素养

"亲和力"最早是属于化学领域的一个概念，特指一种原子与另外一种原子之间的关联特性。近几年来，亲和力成为在整个教育界十分流行且十分实用的专业技能。《现代汉语词典》中把"亲和力"解释为两种以上的物质结合成化合物时相互作用的力。心理学研究领域普遍将其界定为，人与人相处时所表现出来的亲近行为的动力和能力。借助于心理学领域对"亲和力"的解释，我们认为在思想政治教育领域，思想政治教育者的亲和力就是指思想政治教育者身上所具备的一种力量，能让受教育者感觉到教育者很和蔼可亲，不受职位、权威的约束所流露出的一种真挚的情感力量。换句话说，思想政治教育者的亲和力是教育者本身所特有的一种感染力和凝聚力。如果思想政治教育者具有亲和力，则易于提高受教育者对特定思想政治教育载体及其承载内容的接受性。这种提升作用，在高校思想政治教育载体运用领域最为突出。可见，塑造和提升思想政治教育者的亲和力，有益于培养素质较高的思想政治教育载体的运用主体，从而落实思想政治教育载体的育人效果。这种塑造和提升可以从以下几个方面着手。

（一）转变教育观念，以受教育者为本

思想政治教育载体的运用，本质上就是实现思想政治教育信息在思想政治教育主体（思想政治教育者和受教育者）间的互动。在这一互动过程中，实际上思想政治教育者和受教育者都是主体。但长期以来受教育者的主体地位没有受到充分的重视，因此思想政治教育载体的有效

运用需要思想政治教育者不断更新转变教育观念，充分重视受教育者的主体地位，做到以受教育者为本，及时地借助于思想政治教育载体掌握受教育者的思想政治状况。

（二）尊重受教育者的需要，求得情感共鸣

打造思想政治教育者亲和性素养的另一个关键在于思想政治教育者与受教育者的情感共鸣。在思想政治教育载体的运用实践中，教育者和受教育者都是主体，他们之间的关系不是支配性的而是和谐与包容性的。思想政治教育者在运用思想政治教育载体的实践中，只有摆正自身与受教育者的关系，尊重受教育者的各方面需要，才能求得情感共鸣。唯有实现了二者的情感共鸣，思想政治教育内容和信息才能更顺利地经由思想政治教育载体实现传播与反馈。

第二节　夯实受教育者的主体性

在思想政治教育领域，长期以来受教育者一般是被当作教育的"客体"或"对象"对待的，这与我们思想政治教育的目的是不协调的，因为思想政治教育的目的是"培养和提高人们认识世界和改造世界的能力"。[①] 思想政治教育载体的运用成效最终要落脚于受教育者。因此，在思想政治教育载体运用实践中，教育者和受教育者都是主体。具体来看，思想政治教育者是载体的运用主体，受教育者是载体的接受主体。受教育者应与教育者一样都具有主体性。"主体性，是指一定的主体由自己的地位、需要、价值观念、意志、情绪和已有的知识、经验所形成的对客观外界的一种能动状态，这种状态影响着主体的认识和实

---

① 　张耀灿、郑永廷：《现代思想政治教育学》，人民出版社，2006，第136页。

践。"① 在思想政治教育载体运用实践中，受教育者的主体性主要由载体选择的自主性、能动性和参与性构成。受教育者的主体性，是受教育者在思想政治教育载体运用过程中接受教育信息，认同思想政治教育目标的自主性、能动性和创造性。可见，受教育者主体性的发挥是思想政治教育载体有效运用的基础。

一　明确受教育者载体运用中的主体地位

在以往的思想政治教育实践中，受教育者一般被当作教育的客体。否认受教育者在思想政治教育实践中的主体地位，自然会削弱其参与载体实践的主动性。思想政治教育者和受教育者在载体运用实践中地位是平等的。教育"必须本着尊重人及其完整的精神"。② 但由于传统主体观念的影响，受教育者在思想政治教育载体运用过程中的主体地位并未完全受到重视，这就会影响到思想政治教育载体的运用。因此，在思想政治教育载体运用实践中，教育者要立足于彼此人格上的平等，要尊重受教育者的主体地位及其需要，要"在教育价值观方面要在满足社会需要的前提下，充分尊重人的主体价值，使社会教育与主体价值保持协调和平衡"。③

二　尊重受教育者载体运用中的选择性

受教育者对思想政治教育载体内涵及其功能的认知，会对思想政治教育载体的运用产生间接的影响。因为，受教育者虽不是思想政治教育载体的选取和运用者，但受教育者作为思想政治教育信息的受众，其能

---

① 杨书初：《试论思想政治教育者的信息素质》，《军队政工理论研究》2003年第12期，第51页。
② 古人伏：《德育实效性研究与实践》，中国建材工业出版社，1999，第4页。
③ 潘慰元：《走向21世纪高等教育思想的转变》，《高等教育研究》1999年第1期，第2页。

否对思想政治载体的功能有一个正确认知并自觉运用载体向教育者进行思想政治教育效果的反馈,也间接地影响到思想政治教育载体的运用成效。譬如,很多思想政治教育工作者认识到了手机短信这一大众传播载体的思想政治教育功能,并希望借助这一载体开展思想政治教育工作。在这里,如果没有受教育者对这一载体的正确认知,载体的运用成效就会受到影响。

"人的对象性活动是以对象性关系的确立为前提的,而主客体对象性关系的确立是主体从为'我'的角度进行选择的,即活动客体(对象)并不是自发地进入主体的对象性关系和活动领域,而是由'我'即个人主体确定的。"[①] 在思想政治教育载体运用实践中,受教育者的选择性表现为对载体及其承载信息的选择上,他们对载体及其承载信息的选择不是直接地拿来,而是有选择地接受那些符合自身喜爱和习惯的。因为,受教育者是生活中丰富多样的人群,他们有着不同的成长经历、认知水平及性格特点,所以他们对思想政治教育载体及其承载内容的要求是不同的,他们都会从自身的需求上进行选择与再加工,这就是受教育者对载体的选择性。这就要求思想政治教育者在载体运用实践中,应充分尊重受教育者的自主选择性,以达到推动思想政治教育载体的良性运行之目的。

三 彰显受教育者载体运用中的自主性

长期以来,在思想政治教育载体运用实践中,思想政治教育者一般被视为教育主体,具有天然的权威性,这就导致受教育者的自主性被忽视。实际上,在思想政治教育载体特别是多种载体的运用过程中,受教育者应具有一定的自主性。受教育者应能够独立根据自己的实际情况、

---

① 张天宝:《主体性教育》,教育科学出版社,2001,第21页。

内在的需求，独立自主地选择自己喜爱的思想政治教育载体，而不是一味被动地听从服从于外力的强迫或左右；并根据具体情况对自己在教育活动中的思想和行动，自主地进行相应的控制和调整，而不是完全放弃主动权、交与他人，对自己该怎么做没有主见，一味顺从服从。

自主性，是对依赖性的一种扬弃。一般情况下，人只有成为自主的人，即能够对自身的活动具备控制与支配的权利，才会拥有自主性。在思想政治教育载体的运用过程中，受教育者的自主性主要体现为主体意识及价值目标。受教育者拥有自主性，就能够对思想政治教育者运用的思想政治教育载体进行比较、分析及判断，进而将思想政治教育载体承载、传递的思想政治教育信息内化为自我的行动，"自觉地调节自己思想和行为的运动状态，使其沿着既定的方向前进，直至达到自主完善的目标"。[①] 可见，受教育者只有具备了参与载体运用实践的自主性，才可能具有接受思想政治教育载体承载信息的主动性和能动性。有了受教育者的主动参与，思想政治教育载体的育人实践才能落到实处。

四　激发受教育者载体运用中的能动性

思想政治教育载体的运用实质上就是教育者向受教育者传输思想政治教育内容和信息的一项实践活动。在这项实践活动中，迫切需要受教育者明确意识到自己在活动过程中的主体地位、主体能力和主体价值。受教育者要意识到自己是思想政治教育载体所传递信息的主人而非"容器"。受教育者这种参与载体运用的自觉性，决定了他们接受思想政治教育载体及其所传递教育信息的自觉度、投入度、参与度，直接决定了思想政治教育载体的运用成效。

在思想政治教育载体运用过程中，受教育者并非消极、被动地接受

---

① 张耀灿等：《现代思想政治教育学》，人民出版社，2001，第199页。

思想政治教育载体及其承载的思想政治教育信息，而是作为"有生命的自然存在物，有自然力、生命力，是能动的自然存在物"。① 这也就是说思想政治教育者具有自觉的能动性。这种能动性主要表现为受教育者能够积极地参与思想政治教育载体的运转，能够借助于思想政治教育载体能动地反作用于教育者，促进思想政治教育者去认识和关注受教育者的需要，从而实现思想政治教育者和受教育者的良性互动。

五 激发受教育者载体运用中的创造性

"创造性是以探索和求新为特征的，是个人主体性的最高表现和最高层次，是人之主体性的灵魂，其实质是对现实的超越。"② 创新性是一个人性格上的属性，如勇敢、自由、自我认可等。在思想政治教育载体运用实践中，受教育者的创造性不但表现为能够摸索思想政治教育的新载体，同时表现为受教育者能够多样化地运用思想政治教育载体，能够独立思考，不断增强适应社会日常生活的能力，等等。

激发受教育者在载体运用中的创造性，必须引导受教育者正确认识思想政治教育载体与自身成才的关系。思想政治教育载体与受教育者成才的关系表现在两个方面：一方面，思想政治教育载体的运用不仅会使受教育者的思想道德素质和其他方面素质得到锻炼和提高，而且还能为受教育者提供展现自我的平台，为受教育者取得创造性的劳动成果提供机会和条件，使受教育者的素质得到发挥。另一方面，在思想政治教育载体运用中获得各方面教益的受教育者，又会以更加积极的心态参与到思想政治教育载体的运用中来，推动思想政治教育载体的运用向纵深发展。

---

① 周树智：《马克思主义探源——马克思〈1844年经济学哲学手稿〉研究文集》，陕西人民出版社，2011，第233~234页。
② 张天宝：《主体性教育》，教育科学出版社，2001，第27页。

第三节　更新思想政治教育载体的承载内容

"思想政治教育内容是对教育对象在思想、政治、道德、心理等方面的要求，是思想政治教育目标的具体化。思想政治教育内容的确定是根据社会发展的要求，以及教育对象的思想实际而确定的，它不仅贯穿于思想政治教育的全过程，而且还是实现思想政治教育效果的重要保证。"[①] 思想政治教育内容是思想政治教育载体承载传递的主要素材，它的发展状况直接影响到思想政治教育载体的运用成效。改革开放后，随着社会的转型、科技的发展，我国思想政治教育内容在原有"五育"[②] 的基础上不断与时俱进，增添了一些新的反映时代特征的内容；但同社会实践的发展及受教育者丰富多样的需要相比，思想政治教育载体承载的内容尚有发展的余地。思想政治教育内容本身应是一个开放的系统，要不断地与时俱进。思想政治教育内容是思想政治教育载体有效运用的基础，教育内容是否科学合理，直接关系到教育目标的实现。"思想政治工作只有紧跟时代的步伐，才能不断赋予新的内容，才能生机勃勃。"[③]

一　凸显承载内容的时代性

改革开放以来，我国经济上顺利地实现了从计划经济向市场经济的转变，政治上我们不断地推进着政治体制改革和民主化的进程，文化上在坚持马克思主义的指导下也日益多样化。伴随着社会存在的发展变

---

① 教育部社会科学研究与思想政治工作司：《思想政治教育学原理》，高等教育出版社，2004，第 193 页。
② "五育"三要是指政治教育、思想教育、道德教育、法纪教育、心理教育五个方面。
③ 杨立英：《在继承、借鉴中探索思想政治教育的创新之路》，《思想理论教育导刊》2000 年第 7 期，第 52 页。

化,人的思想政治状况也发生了重大变化,人的精神信仰也存在着巨大的危机。在这种时代背景下,思想政治教育载体承载的思想政治教育内容不能继续停留在计划经济时代口号性的政治宣传层面上,必须在原来"五育"(思想教育、政治教育、道德教育、心理教育、法纪教育)的基础上结合时代特征不断创新,要融入反映时代精神和社会主义现代化建设需要的中国特色社会主义共同理想、以爱国主义为核心的民族精神、以改革创新为核心的时代精神、社会主义荣辱观等内容。

(一) 融入中国特色社会主义共同理想

"社会理想是人们对自身与社会关系发展未来美好前景的展望与构想。"通俗地讲,社会理想是一个国家对其特定历史阶段发展目标的规划。改革开放后,中国特色社会主义逐步被确立为中华民族的共同理想。1986 年,《中共中央关于社会主义精神文明建设指导方针的决议》明确提出,"建设有中国特色的社会主义,把我国建设成为高度文明、高度民主的社会主义现代化国家,这就是现阶段我国各族人民的共同理想"。2006 年党的十六届六中全会提出中国特色社会主义共同理想,即"在中国共产党的统一领导下,走中国特色社会主义道路,实现中华民族的伟大复兴"。[①]

中国特色社会主义共同理想在内容上主要包括三个方面:一是实现人民的幸福及社会主义的现代化,这是中国特色社会主义共同理想的价值目标;二是走中国特色社会主义道路,这是中国特色社会主义共同理想的实现路径;三是坚持中国共产党的领导,这是中国特色社会主义共同理想实现的政治保障。

中国特色社会主义共同理想,是我国人民群众需要共同努力的方向。思想政治教育载体承载的内容绝不应简单局限于传统的"五育"

---

① 李长春:《全面准确理解社会主义核心价值体系的深刻内涵,牢牢把握和谐文化建设的正确方向》,《党建》2007 年第 1 期,第 7 页。

范围内，而应及时地将反映人民群众共同努力方向的中国特色社会主义共同理想的内容及相关教育素材融入其中，才能使载体的运用更契合受教育者的切身需要。

（二）融入以爱国主义为核心的民族精神

民族精神，是一个民族共同的价值取向、共同的理想追求。无论在民主革命时期还是改革开放后，民族精神都起到了重要作用。就像党的十六大报告中曾指出的：在世界各国思想文化相互激荡的新时期，培育公民的民族精神应被纳入国家教育之中，以便保障人民群众积极向上的精神状态。显然，思想政治教育载体承载、传递的思想政治教育内容应与时俱进，应不断融入以爱国主义为核心的民族精神素材。

民族精神的内容主要包括以下几个方面：一是爱国主义精神，它一般表现为民族成员对自己祖国的眷恋，对国家发展前途的责任感和奉献精神。二是和谐统一的精神，它要求实行少数服从多数、局部利益服从整体利益。三是和平的精神，它主要贯彻在"和合"① 观念中。"和合"是共生有序、优势互补。四是自强不息的精神，它表现为中华民族的发展和公民个人的美好理想应架构在自强不息的基础上，把自强不息和艰苦奋斗视为一种美德及人生追求。

（三）融入以改革创新为核心的时代精神

时代精神是时代变化的精神概括和集中体现，它体现了时代发展的潮流与方向，是激励一个民族和国家发展的动力。改革开放以后，我们进入了一个新的历史时代。在这个新的背景下，要实现思想教育载体育人功能的最优化，思想政治教育内容要更好地体现时代发展的特征。这种时代精神的融入可以从以下几个方面着手。

第一，思想政治教育载体的承载内容应融入改革创新的精神。

改革创新的精神是具有中国当代特色的精神品质。正如胡锦涛同志

---

① 《国语·郑语》。

所指出的：我们要以改革创新为核心的时代精神鼓舞斗志，积极探寻用社会主义核心价值体系引领社会思潮的有效途径。可见，改革与创新是社会发展的灵魂。

第二，思想政治教育载体的承载内容应融入求真务实的科学精神。

改革开放后，科技在社会发展中的作用日益突出。因此，在思想政治教育载体运用实践中，载体承载的内容除了要满足受教育者的思想政治需要，同时还应满足受教育者的发展需要，一个比较可行的方式就是赋予载体以求真务实的科学精神。受教育者借助载体获取求真务实精神的同时，可以更好地认识社会发展的正确方向，才能够更好地强化对现有意识形态的认可，才能够正确地分析问题、解决问题。

第三，思想政治教育载体承载的内容应融入合作与竞争精神。

当今社会之间的联系越来越紧密，这就要求社会成员之间密切的合作。同时，社会主义经济的规则是优胜劣汰。在这种情况下，思想政治教育载体需要向受教育者传递竞争中合作的精神。

（四）融入社会主义荣辱观

社会主义荣辱观的内容可以简单概括为"八荣八耻"，即以热爱祖国为荣，以危害祖国为耻；以服务人民为荣，以背离人民为耻；以崇尚科学为荣，以愚昧无知为耻；以辛勤劳动为荣，以好逸恶劳为耻；以团结互助为荣，以损人利己为耻；以诚实守信为荣，以见利忘义为耻；以遵纪守法为荣，以违法乱纪为耻；以艰苦奋斗为荣，以骄奢淫逸为耻。它覆盖了人们日常生活的各个方面。社会主义荣辱观的提出对于我们建设社会主义和谐社会，打造优良的社会风气具有重要作用。恩格斯曾指出："每个社会集团都有它自己的荣辱观。"[①] 如果我们能把它融入思想政治教育内容体系之中，则有助于提升思想政治教育的吸引力，更好地

---

① 中共中央马克思恩格斯列宁斯大林著作编译局：《马克思恩格斯全集》第39卷，人民出版社，1979，第251页。

推动思想政治教育载体的有效运用。

（五）融入公民教育

思想政治教育载体作用的对象是人，具体体现为战争年代的革命者、20 世纪 50 年代后的无产阶级革命事业接班人，改革开放后的社会公民。可见，思想政治教育载体作用的对象已经呈现从"革命者"到"公民"的转换。这就意味着思想政治教育载体承载的内容要与时俱进，要积极融入公民教育内容。

公民教育是对民众进行民族观念教育、民主教育、基本人权教育等。公民教育突出了人的主体性地位。很显然，公民教育不同于一般的理论知识教育，也不同于传统的政治教育。知识教育的核心是文化知识的传承，政治教育的核心是政治意识形态，公民教育的目标是使公民成为具有法律意识、权利意识并主动承担公民责任的人。公民教育的内容是政治知识、法律知识和社会政治道德等。我国中小学思想政治课教材中有个别篇目虽然涉及公民权利与义务，但从微观层面上看，公民教育的内容还没有完全被纳入思想政治教育内容体系之中。因此，将公民教育内容融入思想政治教育载体的运用之中，无疑有助于满足受教育者更好地认识社会、适应社会的需要。

二 彰显思想政治教育载体承载内容的实用性

思想政治教育载体的运用成效的实现，要求载体的选择和载体承载的内容都要有针对性，即结合受教育者的需要。受教育者的需要，从大的方面看可以概括为民族的独立、国家的富强、社会的和谐，从小的方面看可以总结为事业的成功、家庭的和睦及幸福感的满足。要让思想政治教育载体真正为受教育者接受，那么它承载的内容就应贴近受教育者的这些需要。思想政治教育载体承载的内容如果一直比较高位，把受教育者合理的利益需求排除在思想政治教育内容之外，不能帮助受教育者解决实际的问题，自然得不到受教育者的认同。"强迫只能产生外在的行为相似，却无法达到内心的心理认同。"① 因此，我们需要不断增强思想政治教育载体承载内容的实用性。

（一）纳入幸福教育内容

幸福是人类终极性的渴望与追求。我们运用思想政治教育载体，是为了实现思想政治教育的目标。思想政治教育的终极目的是让受教育者具备追求幸福的能力及获得幸福的生活。因此，为了更好地落实思想政治教育的目标，思想政治教育载体承载的内容应纳入幸福教育的相关素材，应突出幸福教育的内容。特别是对于改革开放后出生的"80后""90后"，幸福教育尤为重要。

改革开放后出生的受教育者，物质生活较殷实，这就易于形成享乐主义的幸福观。享乐是低层次的感观享受，危害性较大，易破坏人感受幸福的能力，"结果是对任何其他事物的影响便麻木不仁。他们对理智的高度幸福既无能为力，就只有沉迷在声色犬马中，任意挥霍，求得片刻的感官享受"。② 罗素曾指出个人的不幸"很大程度上由对世界的错误看法、错误伦理观、错误的生活习惯所引起，结果导致了对那些可能获得的事物的天然热情和追求欲望的丧失"。③ 当前社会上一些抱着"物质型幸福观"的人将幸福与物质对等起来，就容易走入幸福的误区，甚至会引发一些社会问题。因此，为思想政治教育载体注入幸福教育内容，也是当前思想政治教育不容忽视的重要问题。

（二）纳入生命教育内容

改革开放后，随着社会的转型，人遇到的压力越来越大，需要调适的问题也越来越多。在压力面前，有些人没有调适好自己，不珍视生活

---

① 温传富：《加强和改进大学生思想政治教育的途径和方法》，《工会论坛》2005年第4期，第88页。
② 〔德〕叔本华：《人生的智慧》，张尚德译，工人出版社，1988，第7页。
③ 〔英〕罗素：《走向幸福》，王雨译，上海人民出版社，1988，第7页。

而选择了轻生，这种情况尤以中青年为主。这些现象凸显出我们生命教育的缺位。在以人为本全面建设小康社会的实践中，我们需要的是尊重生命、勇于承担责任、可以投身于社会主义建设实践中的具备健康人格的人。在这种情况下，思想政治教育的内容在宣传党的路线方针政策的同时，需要的一个突出内容就是对生命的关照和关爱。"生命教育就是把人对生命的追思与探询引向深处，孕育人透彻的生命意识，对生命的珍爱，和对他者生命的同情。"① 通俗地讲，就是教人"学会生存的教育"，也是"学会关心的教育"。这种教育把受教育者个体的生命价值作为教育的出发点，将培养受教育者健康的生命意识作为教育的主旨。在思想政治教育载体运用过程中，承载一定的生命教育内容，更能打动受教育者，更能够真正落实思想政治教育载体的运用成效。

（三）融入交往教育

在社会竞争加剧的背景下，如何能够更好地适应社会、更好地与他人相处，已经成为受教育者最为关注的话题之一。思想政治教育载体承载的内容绝不能简单地局限于"象牙塔"，而应承载并传递能够真正帮助受教育者适应社会需要的信息。特别是青少年初入职场时经常遇到一些交往问题。当前社会竞争已经成为主旋律，毫无疑问，为了更好地吸引受教育者参与思想政治教育载体的运用实践，那么载体承载传递的思想政治教育内容要在"五育"的基础上扩充能够满足受教育者生存需要的交往教育内容。

在思想政治教育载体运用过程中，交往教育的内容主要包含三个方面：一是交往观念教育。交往观念教育的目的是让受教育者在观念上充分意识到交往的重要性。二是交往方式的教育。交往方式的教育目的是让受教育者在交往过程中形成较强的主体意识，能够自然地表达自己的感情及需要，并能针对特殊的情况做出适当的反应。三是交往能力教

---

① 刘铁芳：《生命情感与教育关怀》，《高等师范教育研究》2000 年第 11 期，第 26 页。

育。交往能力教育的目的就是要培养受教育者的交往认知、交往沟通及交往控制能力。

总之，增强思想政治教育载体承载内容的现实性，强调思想政治教育载体承载内容要贴近受教育者的生活实际，要随着社会的发展及受教育者思想状况的变化而推陈出新。思想政治教育载体运用的目标是相对稳定的，但思想政治教育载体承载传递的思想政治教育内容是可以不断变化、与时俱进的。在具体的操作过程中，思想政治教育者为载体注入思想政治教育内容时，应该多选取社会、受教育者关注的热点问题，少进行高、大、空的宣教。

三　突出思想政治教育载体承载内容的针对性

针对不同的时期、不同的受教育者，思想政治教育载体搭载的内容都应当有其特殊性，即针对性。思想政治教育载体承载的内容要结合受教育者的思想实际和切身需要，具体可从以下几个方面着手。

（一）思想政治教育载体承载的内容要因时而定

思想政治教育载体在运用的过程中其承载的思想政治教育内容要依据不同的历史时期而定，绝不能一成不变。在新民主主义革命时期，我国经济发展落后，人们的思想也比较混乱，党的思想政治教育必须从改造民心、重塑民魂入手。因此，我们在思想政治教育的内容上多以政治教育和思想教育为主。新中国成立初期，我国思想政治教育的内容主要以道德教育和政治觉悟教育为主。社会主义制度确立后到改革开放前，我国的思想政治教育主要以无产阶级集体主义教育内容为主。改革开放后，随着科技的发展、人们物质生活水平的提升，再加之国际交流的深入，人们更多地关注社会的全面进步及人们身心的健康发展。在这种社会存在及受教育者的思想状况都已经发生变化的背景下，思想政治教育的内容如果还停留在原先的政治、道德宣教阶段，无疑会缺乏对受教者的吸引力。当前个别思想政治教育载体使用效率低,究其原因固然存在载体自身不完善的问题,但更多的是因为载体承载的内容过旧,不符合当前人们的心理需要。因此,思想政治教育载体承载的内容一定要随着时代的发展而与时俱进。我们应该结合时代背景及受教育者的实际情况,为思想政治教育载体注入民主法制教育、心理教育、生命教育等富有时代精神的思想政治教育内容。

(二) 思想政治教育载体承载的内容要根据不同领域的受教育者而定

思想政治教育载体在运用的过程中,其内容的选择要考虑受教育者基本状况(如年龄层次和社会阅历等)。譬如,网络在不断流行的同时也进入了广大思想政治教育者的视野,成为开展思想政治教育工作的一个非常重要的现代载体。对于在校的学生,可以通过创建红色网站,承载党的方针政策及上传红色影像的方式去落实网络思想政治教育载体的运用成效;而对于已经涉入社会较深的社会人,可以通过活动载体、谈话载体,承载更贴合这一人群具体需要的思想政治教育内容和信息,效果则会更显著。

此外,针对不同领域的受教育者,思想政治教育载体承载的内容也应有不同。一般来讲,思想政治教育的实施领域主要分布在党政机关、企业单位、农村、军队系统、学校、城市社区等。在这些领域,思想政治教育载体承载的思想政治教育基本是一致的,但个体内容也应各具特色,内容的设置应从不同领域人群的认知状况出发,科学规划,要做到内容上既有系统性,又有针对性。只有这样,思想政治教育载体的运用才能够满足不同群体的需要,"一刀切"只会弱化思想政治教育载体的运用成效。

总之,无论是从历史时期上看,还是从不同领域受教育者的差异上看,思想政治教育承载内容的选择最终都要落脚于不同的社会群体及其个体差异上,要有区别、有针对性地对待。从受教育者的群体对象上看,思想政治教育载体可以针对不同的群体承载、传递不同层次的思想政治教育内容,对党员干部可以进行共产主义理想教育,而对普通民众则可以进行共同理想的教育。从受教育者的个体对象来看,思想政治教育载体承载的内容要根据个体对象思想政治道德状况因人施加,如对存在信仰危机者则主要承载传递理想信念方面的教育内容,而对知行脱节者则主要承载传递行为规范和健康人格等教育内容。总体上讲,依据受教育对象的个体和群体差异,思想政治教育载体承载的内容不过高也不过低,不过深也不过浅,就可以保障载体承载的内容顺利传递给受教育者并得到认可。

第四节　优化思想政治教育载体的运行环境

"环境是人的性格形成的必要条件,任何人格都是在一定环境影响下形成的。人的思想意识是人对环境的反映;人的品德和心理是环境熏染和磨砺的结果。但是环境又是复杂的,它对人的品德的影响有正面影响也有反面影响。"[①] 思想政治教育载体的运用是一项系统工程,需要良好的社会环境的支持。正像苏联著名教育家马卡连柯所说的:"没有健全的教育环境而能培养成真正可贵的品质的孩子,我连一个也没有见过。"[②] 可见,环境对思想政治教育载体运用成效的影响是巨大的。改革开放后,我们所处的国际环境、国内环境都在日益发生着重大变化,给思想政治教育载体的运行带来了巨大的挑战。

一　优化思想政治教育运行的国内环境

(一) 建设良好的社会经济环境

良好的社会经济环境可以为良好的思想意识的形成奠定经济基础,正所谓"仓廪实,知礼节;衣食足,知荣辱"。在这里古人为我们道出

---

① 陈秉公:《思想政治教育学原理》,辽宁人民出版社,2001,第279页。
② 〔苏〕马卡连柯:《父母必读》,耿济安译,人民教育出版社,1979,第85页。

了经济环境对人的思想的影响,"它不仅提供可供教育直接消费的货币形态的教育经费,实物形态的教育设施,还提供教育间接消费的经济范畴的劳动年龄人口和可用于智力活动的空间时间"。① 为思想政治教育载体的运用打造良好的经济基础,最根本的就是加快改革开放,进一步地解放、发展生产力,同时通过改革不断消除生产关系中的不合理因素,尤其是社会存在的招致老百姓非议的贫富悬殊、暴富等现象。只有解决好了社会上不同利益群体之间的利益矛盾,才能真正创造优越的社会经济环境,才能与思想政治教育载体的运用相互配合,才能落实思想政治教育载体的运用实效。

(二)维护安定团结的政治环境

安定团结的政治环境,可以强化思想政治教育载体的运用成效,如全党范围内曾开展过的"三讲""三个代表"学习活动等,对提升思想政治教育载体(特别是课程载体)的运用效果尤其有帮助。如果国家政治体制、制度不完善,民众政治意识薄弱,这就会导致思想政治教育载体的运用缺乏最基本的政治环境保障。在这种情况下,思想政治教育载体承载、传递的思想政治教育信息便会在现实面前缺乏说服力。可见,创建安定团结的政治大环境,对思想政治教育载体运用成效的提升相当重要。

政治环境的建设可从以下几个方面着手:一是加强民主政治建设,进一步完善民主集中制,保障民众行使当家做主的权利。二是继续加强反腐工作,打造公职人员清正、廉洁的形象,以期对公民产生积极的政治影响。三是加强爱国主义宣传教育,激发民众的民族自尊心、自信心和居安思危的风险意识,以增强中华民族的凝聚力和对社会主义的认同感。四是不断深入理想信念教育。改革开放以来,随着国外先进的科学技术及管理理念的引入,各种非马克思主义的学说和思潮也纷至沓来,

---

① 马瑞萍:《营造良好的干事创业社会环境》,学习时报,2004年3月25日。

导致部分立场和意志不坚定的人对共产主义的远大理想产生了动摇甚至是怀疑。在这种情况下，我们通过开展社会主义理想教育，可以使人民坚定走社会主义道路的信心。可见，唯有打造出安定团结的政治环境，才能为思想政治教育载体的运用提供环境保障。

（三）创设良好的文化环境

文化环境是特定的民族、国家或地区世代传承下来的具有历史传统的文化特质。特定的文化环境自然会在受教育者的思想意识和行为模式上得到沉淀。思想政治教育载体运用过程中不能不考虑文化环境的影响。特别是近年来文化环境中出现了一些"杂音"，如崇洋、拜金、迎合甚至是制造低级趣味的亚文化以及一些公职人员的腐败、品德失范等，也强烈地冲击着我国的社会文化环境。

创设思想政治教育载体运行的良好文化环境，一是要坚持社会主义文化的前进方向，自觉抵制西方文化殖民影响，营造"百花齐放、百家争鸣"的文化氛围。二是要加强相关的文化法规建设，以立法的形式对一些商业文化产品进行规范，以期消除文化环境中的"杂音"，弘扬马克思主义主导下的民族的、科学的、大众的文化主旋律。三是端正社会风气。党政领导干部要以身作则，建立符合社会主义基本原则的道德风尚和价值标准。

（四）优化社区环境

改革开放以后，传统的"单位"组织逐步消解，人们生活的基层圈子基本可以锁定为社区。在此情况下，抓住社区环境的建设，可有效配合思想政治教育载体运用实践的展开。社区环境的优化可从以下几个方面着手。

第一，打造一支专兼职相结合的思想政治教育工作者队伍。

在我国，随着市场经济的发展，人们逐步地从原来单位中脱离出来，而人们居住的社区逐步成为人们生活的基本单元。而我国的思想政治教育工作还没有从原来的单位体制下完全转换到社区领域，这就导致社区思想政治教育工作者的缺乏。社区思想政治教育工作者，既要有专业的思想政治教育知识，同时还要有脚踏实地的工作热情。社区思想政治教育工作者的选拔可以采取专兼职相结合的方式，一方面依托社区工作人员作为专职思想政治教育者，另一方面我们可以接受一些思想政治教育专业及其相关专业的大学生来到社区做兼职。这既可以充实社区思想政治教育工作者队伍，又给在校大学生提供了实习和了解社区的机会。

第二，完善社区配套服务设施。

社区的物质文化环境对社区成员的生活与思想有重大影响，因此应加大社区环境建设的投资，逐步完善社区的公共服务设施，如体育器材的购置，社区图书馆、超市的建设，社区环境的绿化等。在良好的社区环境中，社区才能有较高的生活质量和品位，才能提高社区群众的思想政治品德修养，从而对思想政治教育载体的运用起到增效作用。

第三，不断丰富完善社区活动营造良好的氛围。

理论性的政治说教，通常易为受教育者排斥。我们可以尝试着把思想政治教育载体的运用渗透于社区活动之中。换句话说，社区活动的开展实际上就是思想政治教育活动载体的运用。思想政治教育者将思想教育内容恰当地融入社区活动之中，就可以潜移默化地影响社区成员，产生较好的教育效果。通常我们可以开展的社区活动主要有社区"讲文明、树新风"活动、"青年文明号"活动等。

（五）创设良好的家庭环境

家庭环境对人的思想的影响不容忽视。"生活在一个充满幸福的家庭的孩子，他们能够形成健全的思想和人格；相反，生活在充满家庭暴力或者父母不和的家庭的孩子，他们在心理和人格上都表现出很大的问题。有调查显示：青少年犯罪、吸毒人群中有78%来自分裂家庭和功能不健全的家庭。"[1] 家庭环境对受教育者产生耳濡目染的作用。所以，

---

[1] 曹秀梅：《思想政治教育者的主体性研究》，硕士学位论文，山东师范大学，2010，第36页。

在思想政治教育载体的运用实践中,家庭环境的优化相当重要。

优化家庭环境,首先必须要弘扬中华民族的传统美德,倡导尊老爱幼,促进和谐家庭的建设。其次,家庭成员要加强沟通交流,营造和睦的家庭环境。此外,在家庭中子女要尊重父母的意见,父母也应尊重子女的自主权。只有父母与子女之间加强沟通交流,才能营造和谐的家庭环境。

(六) 优化大众传媒环境

大众传媒是传播信息的一种载体,主要包括报纸、通讯社、广播、电视、网络等。"所谓传媒环境,就是由大众传媒构成的对人们思想、道德、行为和思想政治教育具有广泛影响力的环境。"[①] 我国大众传媒特别是网络传媒的发展,较西方国家短,我国在传媒管理的规范上还有较大的差距。在大众传媒不断发展变化并对受众影响日益加大的新形势下,我们必须注重加强大众传媒环境的建设,可从以下几个方面着手。

第一,切实加强大众传媒的导向。

我们坚持以马克思主义传媒观教育传媒工作者,坚持马克思主义在大众传媒工作中的指导地位,加强对大众传媒的管理,充分发挥大众传媒在育人方面的巨大作用。只要传媒坚守正确的政治导向,始终把社会效益放在首位,努力传播先进文化,弘扬社会正气,自然可以为思想政治教育载体的运用创造良好的大众传媒环境。

第二,健全大众传媒监管的规章制度。

只有加快传媒的立法进程,才能保证传播环境的健康发展。我们可以借鉴国外的一些先进的经验和做法:一方面可以加强传媒技术的控制,特别是对网络技术的控制,防止各种有害信息对民众的侵蚀。另一方面要有组织地对传播行业的违法活动进行严厉打击。传媒环境的优化,可以为思想政治教育载体的运用提供环境保障。

---

① 张耀灿等:《现代思想政治教育学》,人民出版社,2001,第247页。

二　优化思想政治教育载体运行的国际环境

（一）优化国际经济环境

国际经济环境的好坏也会对思想政治教育载体的运用产生重大影响，面对世界经济的全球化与一体化，我国经济环境的优化可从以下几个方面着手。

第一，在观念上高度关注经济全球化的作用，努力提升我国的国际竞争力。正如邓小平同志所指出的：科技是第一生产力，是一个国家综合国力的重要构成，直接影响着一个国家经济水平的高低。当前，我国还处于社会主义初级阶段，还有很长远的发展生产力的需求。基于这一基本国情，我们还需要进一步加大科技投入，进一步加大科技人才的培养与引进，从而提升我国科技发展的水平。

第二，在行动上进一步加大开放的力度，争取用较短的时间融入世界经济发展的潮流之中。这就要求我们在观念上本着求同存异的心态整合国际资源为己所用，才能进一步提升我国经济发展的质量，不断提升我国在国际上的竞争水平。

（二）建设良好的国际政治环境

随着我国对外开放进程的加快，西方国家凭借其在经济、文化上的优势，不断对我国民众进行所谓民主观念的兜售，各种非马克思主义思潮也趁机侵入，这给我国思想政治教育载体的运用带来了挑战。因此，我们要不断地优化思想政治教育载体运行的国际政治环境，可从以下几个方面着手。

第一，坚持党在社会主义初级阶段的总路线不动摇，进一步提升我国的综合国力。因为，"经济发展了，综合国力提高了，人民生活不断改善了，国家更加强大了，社会主义制度的巨大优越性就会更加充分显示出来，我们抵御和平演变的斗争就会有更加坚实深厚的物质技术文化基础，我们的社会主义制度就会更加立于不败之地"。[①]

第二，加强社会主义理想信念教育和爱国主义教育。要让民众坚信社会主义代表着我国前进的方向，社会主义是我国历史的必然选择。加强理想信念教育，要避免空洞的说教，党和政府要率先垂范。我们可以通过一些重大公众事件，激发群众的理想信念。譬如在2008年汶川"5·12"大地震中，我们万众一心，不但共同渡过了地震的难关，而且成功举办了奥运会，在这个过程中，人民群众的社会主义理想信念和爱国主义情怀都得到了彰显和提升。

（三）优化国际文化环境

西方国家凭借其在科技上的优势，不断地通过各种方式对我国进行文化上的渗透，一些意志不坚定的群众往往会受到西方文化的影响。因此，我们还要采取各种措施，积极应对国际社会的文化渗透活动，优化国际文化环境。具体可从以下几个方面着手。

第一，在观念上要充分认识到西方文化渗透活动的危险性。只有在观念上认识这种危险性，才能在行动上不断提升抵制西方文化对我国渗透的能力。

第二，要加强对西方文化的理论研究。知己知彼，百战不殆。我们要花大力气研究西方文化殖民的特点、规律，分清其中的积极和消极因素，做到取其精华、弃其糟粕，让西方文化中的积极因素为我所用。

第三，要加强我国自身的文化建设。要以更为宽广和开放的眼光，汲取人类社会一切有益的文化成果，积极建设符合我国社会主义初级阶段基本国情的、能为人民群众认可的先进文化，做到用自身的先进文化去抵制西方文化的渗透。

第四，巩固马克思主义在我国文化领域的主导地位。"加强和改进思想政治工作，最根本的是坚持和巩固马克思主义在我国意识形态领域

---

① 《江泽民文选》第一卷，人民出版社，2006，第161页。

的指导地位。这是保证全党全国人民加强团结、始终沿着正确方向前进的根本思想基础。"① 在我国文化领域，要保持我国先进文化发展的前进方向，必须保证马克思主义在文化领域的主导地位。

综上所述，思想政治教育载体运用效果的落实，是与思想政治教育系统内其他因素协同的结果。在这些因素当中，思想政治教育主体、思想政治教育内容、思想政治教育环境、科技的发展等因素都对思想政治教育载体的运用产生了重大的影响。所以，本章主要从影响思想政治教育载体运用的四个因素为切入点，探讨思想政治教育载体运用过程中遇到的困难及其消解对策。

---

① 江泽民:《江泽民文选》第三卷，人民出版社，2006，第86页。

第八章

思想政治教育载体有效运用的宏观战略——整合运用

在当前我国的思想政治教育实践中，已经形成了形形色色的思想政治教育载体，单就高校思想政治教育领域，有学者将其归纳为八大类四十余种。① 思想政治教育载体种类繁多，要发挥众多思想政治教育载体的育人功能，形成一种育人合力，就必须构建一种合力化运用模式，即实现思想政治教育载体的整合运用。

第一节　整合与思想政治教育载体整合运用的释义

一　"整合"的内涵

"整合"一词译自英文 integration，是黏合、结合之意。"整合"的本来意思是将一些松散零碎的东西通过某种方式彼此衔接，从而实现资

---

① 陈万柏：《思想政治教育载体论》，湖北人民出版社，2003，第 24 页。

源的共享，其精髓即把零散的要素组合在一起，最终能够形成有价值和效率的统一体。在哲学领域，整合有三类用法：一是从客体角度看，是指客体自身运动、变化过程中的一种序化；二是从主体角度看，是指主体的思维逻辑及叙述逻辑中的一种序化；三是从实践角度看，是指实践活动的整合性，是"人类总体行为有序互动的功能机制"。① 现在用得较多的是第三种用法，即实践整合。20 世纪 60 年代，美国社会学家大卫·洛克伍德发表《社会整合与系统整合》一文，从社会整合和系统整合这两个角度阐发了整合的内涵，广为学术界接受。

（一）社会整合

"社会整合指调整或协调社会中不同因素的矛盾、冲突和纠纷，使之成为统一体系的过程或结果。在此过程中，社会中各种相互对立、相互矛盾的要素，可以通过相互适应，共同遵守一种行为规范而达到团结一致，形成一个均衡的体系。"② 每一个社会成员均在社会化过程中将社会或群体的共同的价值，内化为自身人格的重要组成部分，使社会成员能够明显地感受到群体归属感，并且各成员之间获得某种程度上的合作与协调。社会整合实际上是一种文化观念的整合。从本质上看，社会整合表现为一种共同的价值观或信仰。如果一个社会失去了最为核心的价值规范，其社会整合的力度及作用就会弱化抑或消失。

（二）系统整合

系统整合，它涉及的是特定社会系统内部组成部分之间的有序或冲突关系，它是社会系统构成部分之间在功能上的相互适应、相互弥补、相互合作和相互促进。即系统内各组成部分在功能上的互补或作用效果的叠加。系统整合是借由人们有目的有意识的活动实现的，这种有意识的活动的结果物化就形成了制度。制度越优越，系统整合度越高；制度

---

① 黄宏传：《整合概念及其哲学意蕴》，《学术月刊》1995 年第 9 期，第 12~17 页。
② 张耀灿、马奇柯：《论思想政治教育的整合机制》，《学校党建与思想教育》2005 年第 4 期，第 29 页。

不合理，系统的整合度就低。因此，社会整合也可以被看作制度整合，即某种事物在运作机制上的优化。

当然，值得重视的是，社会整合与系统整合未必是同步的。例如，西方发达国家通过完备的法律制度实现了相对较高的社会整合，但其社会成员归属感却降低了，这在一定程度上弱化了它的社会整合效果；我国非常重视社会整合，人民群众的社会归属感较强，但我们在一定程度上系统整合则相对薄弱。在这种情况下，我们一方面要强调社会整合与系统整合的互补；另一方面，我们更加突出地强调系统整合，尤其是在思想政治教育领域。因为，人们比较容易注意到思想政治教育的社会整合功能，往往易忽略思想政治教育自身的系统整合。当前，部分人思想道德水平的滑坡已显现出我国思想政治教育实效有待进一步夯实的事实，这就决定了思想政治教育领域必须加强对不同思想政治教育载体的系统整合的必要性。

二 思想政治教育载体整合运用的内涵

思想政治教育载体的整合运用，就是把众多的思想政治教育载体看作一个整体，在整体的大框架下把单个思想政治教育载体通过联系、渗透、互补、重组综合起来，形成合理的结构，实现整体优化、协调发展，发挥载体的最大功能，其主要内涵可以表现为以下几个方面。

（一）思想政治教育载体运用的整体协调

从个体上讲，思想政治教育载体种类繁多，每一种具体的思想政治教育载体都有相对独立的功能和特点；从整体上看，思想政治教育载体是思想政治教育过程把不同的思想政治教育要素沟通起来的媒介和桥梁，在这种意义上，各种具体思想政治教育载体又是可以整合在一起共同发挥作用的体系。因为思想政治教育体系内的不同的要素（即具体的思想政治教育载体）都具有相对的独立性，在运用的过程中容易相互孤立甚至相互排斥，易造成思想政治教育载体整体功能的内耗。思想政治教育载体整合运用的首要原则就是对不同的思想政治教育载体的整体协调，从而产生最大的育人力量。正像恩格斯所指出的："历史是这样创造的：最终的结果总是许多单个的意志的相互冲突中产生出来的……各个人的意志……融合为一个总的平均数，一个总的合力……每个意志都对合力有所贡献，因而是包括在这个合力里面的。"[①] 由多样化的具体载体构成的思想政治教育载体体系的有效运行是一种全面的、协调的发展。这种发展是把思想政治教育载体作为一个体系，这个体系内的各个要素（即各种具体的思想政治教育载体）不仅各自要发展、改进、提高，而且彼此之间在功能上还要相互配合、协调一致地共同发展。

（二）思想政治教育载体运用的渗透融合

在思想政治教育载体整合运用的过程中，需要各类具体的思想政治教育载体之间形成紧密的联系。这种紧密的联系可以通过各个具体思想政治教育载体功能和作用的渗透融合来实现。正如社会学研究领域"依附论"的倡导者弗兰克所指出的："尽管历史拼图中的每一片看上去都可能绚丽多彩，但是只有把它们放在整合的宏观历史中的适当位置，才能更充分地鉴赏它们。"[②] 因此，思想政治教育载体的整合运用要求各个思想政治教育载体在功能和发挥作用上的渗透交融。

（三）思想政治教育载体运用的过渡衔接

从单个思想政治教育载体作用实现角度看，载体的运用都具有阶段性，即单个思想政治教育载体运用的过程性与周期性。但思想政治教育载体的整合运用是着眼于宏观，是整个思想政治教育载体体系不间断的

---

① 中共中央马克思恩格斯列宁斯大林著作编译局：《马克思恩格斯选集》第 4 卷，人民出版社，1995，第 697 页。
② 〔德〕弗兰克：《白银资本：重视经济全球化中的东方》，刘北成译，中央编译出版社，2000，第 347 页。

运用。换句话讲，单个思想政治教育载体的运用是有结束点的，而在整个思想政治教育过程中，作为思想政治教育媒介的思想政治教育载体是要不间断地运转的。所以，思想政治教育载体的整合运用，要求不同的思想政治教育载体在运用的过程中相互衔接，顺利过渡，力争减少断层，实现整合。

（四）思想政治教育载体运用的互补互促

在思想政治教育载体整合运用的实践中，还要求各种载体在功能和作用上的互补、互促，即要求各种思想政治教育载体的互补运用。但值得注意的是，思想政治教育载体的互补运用不是一种均势发展，即各个思想政治教育载体不是在任何时候、任何条件下都均匀地运行发展，而是呈现运用中的不平衡性和相互弥补性。

第二节 思想政治教育载体整合运用问题的生成

一 思想政治教育载体整合运用问题的提出

我国思想政治教育载体种类繁多，有学者进行归纳，有"八大类四十余种"。① 我国思想政治教育载体虽然形式多样，但部分载体特别是多种载体合力化运用的效果不甚理想。究其原因有二。

一方面是单个载体的有效性问题，譬如在高校思想政治教育领域，课程载体作为最基本的载体形式，就存在着载体的设计、讲授及考核衔接的问题。受教育者不喜欢思想政治理论课程，究其原因并不能简单地理解为思想政治教育内容落伍，这里面也涉及思想政治理论课的讲授方式问题。一些有创意的课程载体的设计运用，如实践性课程，即把课程

---

① 陈万柏：《思想政治教育载体论》，湖北人民出版社，2003，第24页。

载体与具体的实践活动很好地结合起来，其运用效果就比较好。因为，在实践性课程中，思想政治教育者可以将课堂教学中的大量的思想政治教育内容和信息有机地融合在实践活动中，让受教育者在实践性课程的参与中去体会和感悟。

另一方面是思想政治教育载体间的综合协调性问题。单个思想政治教育载体形式都有其特点与功能，都有其针对性。特定的思想政治教育载体有着各自的特点与功能，都有其优势利弊和特定的针对性。在思想政治教育实践中，如果我们不能对类型繁多的思想政治教育载体进行优化重组，特别是在新载体不断涌现、新旧载体并存的格局下，如果不能正确地理顺各种思想政治教育载体之间的关系，那么载体的育人合力问题就十分突出了。

二 思想政治教育载体整合运用的现实需要

随着科技的发展，各项工作、各个学科领域都出现了社会化、综合化的新趋势。为了适应现代社会的这一发展趋势，思想政治教育要向微观领域和宏观领域拓展，要向交叉领域渗透，要与现代科学技术手段结合，要实现单项教育的协调与综合，从而使思想政治教育更具系统性。可见，思想政治教育载体的多样性及受教育者思想政治教育需要的多元化，以及教育实践的系统性，都呼唤思想政治教育载体的整合运用。

（一）思想政治教育载体整体功能的弱化

思想政治教育系统是一个整体而非局部、开放而非封闭的、动态而非静态的特殊生态系统。这个过程并不是简单地依靠某一个或若干个思想政治教育载体的个体运用就能够产生效果的。在当前的思想政治教育载体运用过程中，各载体间条块分割的问题比较明显，不同力量的思想政治教育载体间的呼应和配合，常常表现出自发、无序等离散状态，结构分布也不尽合理。比如，在高校思想政治教育实践中，思想政治理论课程载体是高校工作者最常用的主要载体，但只运用这一载体，再加上教学方法和手段比较传统、单调，学生作为完全被动的受教育者，易产生抵触心理，因而其功能并不能完全得到发挥。如果思想政治理论课程载体能够和心理咨询载体综合运用，就可以整合各种载体力量，形成"载体合力"，教育效果就会较单一载体的运用更为突出。

（二）人的思想形成的多样性要求

人的思想形成的影响因素的多样性要求加强载体的整合运用。人们思想的形成、变化和发展不是直线式的，而是曲折起伏的。影响受教育者思想形成、变化、发展的因素不是单一的，而是多样的，加之受教育者个性特点的多样性，决定了我们在运用思想政治教育载体开展思想政治教育工作时，针对不同的受教育者，面对不同的问题，因时、因地、因人且异地综合、交替使用多种不同的思想政治教育载体。只有这样，才能适应人的思想发展变化的曲折性和复杂性特点，全面系统地把握受教育者思想发展变化的实际，形成思想政治教育载体合力。千篇一律地"一刀切""一锅煮"，简单使用一种思想政治教育载体，不仅不会有良好的教育效果，而且会造成不良的后果。

三 思想政治教育载体整合运用的理论依据

思想政治教育载体的整合运用，即是指思想政治教育者在把握单个思想政治教育载体特点的基础上，通过有机融合，同时或先后运用各种思想政治教育载体开展思想政治教育工作。马克思主义唯物辩证法关于事物普遍联系的原理和系统论，是思想政治教育载体整合运用的理论依据。

（一）马克思主义普遍联系的原理

马克思主义认为世界上的万事万物都是发展变化、相互联系的，这就要求我们要用联系的观点、发展的观点、全面的观点、对立统一的观点看问题。在思想政治教育领域，载体来源于具体的思想政治工作实践，是我们从实践中运用而提取出的一个系统。在思想政治教育载体系统中，不同的载体并非是杂乱无章、毫无联系的孤立的存在和运用的。它们之间是相互联系和发展变化的，它们不仅在横向上表现出联系性，而且在纵向上表现出发展性。这种发展性即指随着社会的进步、科技的发展、环境的变化及受教育者思想实际的变化，适应于新的教育内容、教育主体、教育环境的教育载体，也要随之产生、发展。当前思想政治教育载体从语言文字等单一载体形式向语言文字图像等复合载体的发展变化就印证了思想政治教育载体的发展性。从横向上看，不同的教育内容、教育客体、教育环境，要求有不同的思想政治教育载体，但根据马克思主义唯物辩证法关于事物普遍联系的原理，不同的思想政治教育载体之间具有相互区别和相互依存的关系。正是由于思想政治教育载体之间这种相互区别又相互依存的联系性的存在，迫使思想工作者必须要研究、发现和运用载体之间的存在联系，才能进行不同种类思想政治教育载体的整合运用，形成思想政治教育合力，达到事半功倍的效果。

（二）系统论

系统论、信息论和控制论是20世纪40年代几乎同时诞生的综合性的横向科学。系统论为奥地利生物学家贝塔朗菲创立。"系统论产生的直接原因是与本世纪初在生物学中批判机械论与活力论有关，它开始被称为一般系统论。"[①] 系统论最基本的思想是整体观念。贝塔朗菲指出，系统一般是一个有机的整体，而绝非机械的相加，系统的整体功能要大于各要素孤立状况下的功能。他用"整体大于部分之和"的名言来说明系统的整体性。同时贝塔朗菲认为，系统内的各个组织要素都有其特点和作用，它们绝非孤立的存在，要素之间是密切联系的。具体来看，系统与要素之间是整体与部分的关系，各要素相互作用，共同促成系统对外输出信息和能量。

---

① 黄欣荣：《复杂性科学与哲学》，中央编译出版社，2006，第2页。

思想政治教育载体的运用，也是一个系统的过程。从这一层面上来看，系统论为思想政治教育载体合力的形成奠定了理论基础。系统论是对机械论的一种否定。机械论认为，事物的整体是由部分决定的，部分的性质决定整体，只有认识了局部才能认识整体。与机械论不同的系统论认为，系统是处于一定相互联系中的与环境发生关系的各组成成分的总体，要素是指构成系统的因素和组成部分，它们应具有关联性、单一性和内在性等特点。系统和要素之间是整体与部分的关系，各要素相互作用，共同促成系统对外输出信息和能量。依据系统论的基本观点即整体性观点和联系性观点，可以看出：单个的思想政治教育载体的运行效力必然小于整体，只有整合运用才会使思想政治教育载体发挥其最大的育人功能，才能实现思想政治教育载体的"合力"。

（三）马克思、恩格斯的合力论

马克思主义经典作家对合力问题进行过较为细致的探讨，形成了一些基本的理论。其中，马克思的生产合力论和恩格斯的社会历史合力论，亦为思想政治教育载体的整合运用奠定了理论基础。

第一，马克思的生产合力论。

在阐述社会生产的规律时，马克思就多次涉及生产过程中的合力问题，其中包含的合力理论丰富深刻。合力理论及其思维模式对思想政治教育载体的运用具有重大的启发作用，因为思想政治教育载体种类繁多，如能合力化运用思想政治教育载体，其育人效果可能会有成倍的增加。

马克思认为，生产过程中合力的实质是整体力。"单个劳动者的力量的机械总和，与许多人手同时共同完成同一不可分割的操作（抬重物等等）时所发挥的机械力量有本质的差别。协作一开始就创造了一种生产力，这种生产力本身是集体力。"[①] 在此，马克思指出：在生产

---

① 中共中央马克思恩格斯列宁斯大林著作编译局：《马克思恩格斯全集》第21卷，人民出版社，2003，第406页。

过程中，各种力量的总和可形成一种集合力，这是一种新的力量，是生产过程中因协作而产生的合力。为了进一步地分析这种合力，马克思又指出："结合劳动的效果要末是个人劳动根本不可能达到的，要末只能在长得多的时间内，或者只能在很小的规模上达到。这里的问题不仅是通过协作提高了个人生产力，而且是创造了一种生产力，这种生产力本身必然是集体力。且不说由于许多力量融合为一个总的力量而产生的新力量。在大多数生产劳动中，单是社会接触就会引起竞争心和特有的精力振奋，从而提高每个人的个人工作效率。"① 在这里，马克思实际上指出生产过程中合力的来源是协作。"许多人在同一生产过程中，或在互相联系的生产过程中，有计划地一起协同劳动，这种劳动形式叫做协作。"② "协作的结果是，通过协作所生产出来的东西，比之同样多的人在同样的时间内分散劳动所生产出来的东西要多，或者说通过协作所生产的使用价值，在另一种情况下是根本不可能生产的。"③ 从前述内容可以看出，马克思主义所认为的集体化是个体力的整合，绝非个体的加和，集体力的力量大于单个个体的个体力。

第二，恩格斯的社会历史合力论。

马克思逝世之后，恩格斯对资本主义发展的新现象进行了深入的观察和思考，在历史观领域提出了自己的历史合力论。恩格斯大约从19世纪80年代中期就开始深入思考社会历史合力问题。他在《路德维希·费尔巴哈与德国古典哲学的终结》中提出："人们通过每一个人追求他自己的、自觉期望的目的来创造他们的历史，却不管这种历史的结局如何，而这许多按不同方向活动的愿望及其对外部世界的各种各样的影响

---

① 中共中央马克思恩格斯列宁斯大林著作编译局：《马克思恩格斯全集》第23卷，人民出版社，1972，第362~363页。
② 中共中央马克思恩格斯列宁斯大林著作编译局：《马克思恩格斯全集》第21卷，人民出版社，2003，第406页。
③ 中共中央马克思恩格斯列宁斯大林著作编译局：《马克思恩格斯全集》第47卷，人民出版社，1979，第294页。

所产生的结果，就是历史。"① "历史是这样创造的：最终的结果总是从许多单个的意志的相互冲突中产生出来的，而其中每一个意志，又是由于许多特殊的生活条件，才成为它所成为的那样。这样就有无数互相交错的力量，有无数个力的平行四边形，由此就产生出一个合力，即历史结果，而这个结果又可以看作一个作为整体的、不自觉地和不自主地起着作用的力量的产物。因为任何一个人的愿望都会受到任何另一个人的妨碍，而最后出现的结果就是谁都没有希望过的事物。所以到目前为止的历史总是像一种自然过程一样的进行，而且实质上也是服从同一运行动规律的。但是，各个人的意志——其中的每一个都希望得到他的体质和外部的、归根到底是经济的情况（或是他个人的，或是一般社会性的）使他向往的东西——虽然都达不到自己的愿望，而是融合为一个部的平均数，一个总的合力，然而从这一事实中决不应做出结论说，这些意志等于零。相反地，每个意志都对合力有所贡献，因而是包括在这个合力里面的。"② 1894 年在《致瓦·博尔吉乌斯》的信中，恩格斯又一次重申了这一思想："人们自己创造自己的历史，但是到现在为止，他们并不是按照共同的意志，根据一个共同的计划，甚至不是在一个有明确界限的既定社会内来创造自己的历史。他们的意向是相互交错的，正因为如此，在所有这样的社会里，都是那种以偶然性为其补充和表现形式的必然性占统治地位。"③

　　无论是马克思的生产合力论还是恩格斯的社会历史合力论，都强调事物的发展是多因素的结果，因此，要发挥不同因素的作用，实现其合力（即集体论），这对我们有效运用具有非常明显的借鉴价值。现代思

---

① 中共中央马克思恩格斯列宁斯大林著作编译局：《马克思恩格斯全集》第 21 卷，人民出版社，1965，第 342 页。
② 中共中央马克思恩格斯列宁斯大林著作编译局：《马克思恩格斯选集》第 4 卷，人民出版社，1995，第 697 页。
③ 中共中央马克思恩格斯列宁斯大林著作编译局：《马克思恩格斯选集》第 4 卷，人民出版社，1995，第 732~733 页。

想政治教育载体种类繁多，要实现思想政治教育载体育人功能的最大化，除了要分别提升单个载体的运用成效，更要实现不同思想政治教育载体的整合，达到思想政治教育载体的合力化运用。另外，思想政治教育是由多范畴组成的，思想政治教育载体是其中之一。从马克思主义合力论出发，我们可以看出思想政治教育载体的有效运用需要与思想政治教育系统内的其他要素（如教育内容、教育目标、教育方法）的配合（协作）。

第三节 思想政治教育载体整合运用的基本原则与方法

一 思想政治教育载体整合运用的基本原则

（一）系统性原则

我国系统科学专家钱学森先生曾指出："在现代一个组织起来的社会里，复杂的系统几乎无所不在：任何一种社会活动都会形成一种系统，这个系统的组织建立，有效的运转就成为一项系统工程。"① 在思想政治教育载体运用实践中，坚持系统性原则，就是将思想政治教育载体视作各种具体思想政治教育载体构成的一个体系，为了发挥这个体系的最大功能，我们必须将体系的各个组成要素综合起来，才能实现思想政治教育载体的整体功能大于单个具体思想政治教育载体的个体功能。

在思想政治教育载体整合运用实践中，贯彻系统性原则的最好例证莫过于高校这一特殊领域中思想教育载体的运用。有学者将高校思想政

---

① 钱学森：《论系统工程》，湖南人民出版社，1982，第182页。

治教育载体种类概括总结为"八大类四十余种"[①]，其中经常运用到的主要是课程载体、活动载体、管理载体、校园文化载体、网络载体等。如何发挥众多思想政治教育载体的育人作用？很多思想政治教育工作者都认识到要实现多种思想政治教育载体育人作用的叠加，即把不同的思想政治教育的运用结合在一起进行。譬如，把课程载体与网络载体、活动载体、校园文化载体整合在一起运用，但有时候效果往往不尽如人意，一个重要的原因在于这种整合运用过程中没有注重坚持系统性原则。因为，思想政治教育载体的整合运用，不是各个思想政治教育载体无序地累加，而是在思想政治教育目标、思想政治教育内容共通共融下的系统化运用。

（二）发展性原则

思想政治教育载体的整合运用也并非一直保持不变，而应随着思想政治教育目标、内容及教育技术的发展而变化。因此，思想政治教育载体的整合运用也必须坚持发展性原则，在不同的历史时期，围绕不同的思想政治教育内容及受教育者，我们需要对种类繁多的思想政治教育载体进行优化、选择、更替、衔接、叠加。在革命战争年代，我们可以整合运用夜校课程、群众运动等思想政治教育载体，广泛宣传党的路线方针政策。

然而，在科技日新月异、人的思想逐步多元化的今天，思想政治教育载体的整合运用就不应拘泥于过去，而应坚持发展创新原则，实现各个思想政治教育载体的优化整合。当前，网络载体是比较新颖的思想政治教育载体，我们可以以网络载体为中心开展思想政治教育载体的整合运用。譬如，将网络载体与课程载体进行整合运用，既可以保持网络宣传的马克思主义大方向，又可以使课程载体作用的发挥更加形象化、生动化。同时，我们还可以将心理咨询载体与网络载体实现整合，开展网

[①] 陈万柏：《思想政治教育载体论》，湖北人民出版社，2003，第24页。

络心理咨询，在网络心理咨询中，心理咨询的范围更加开阔，可以将心理咨询向所有的网友开放，而且网络使心理咨询具有更好的私密性，可以创造一个敞开心扉的氛围，自然有助于落实心理咨询的效果。

（三）实践性原则

思想政治教育载体的整合运用，是一项实践性很强的活动。因为思想政治教育载体本身就是思想政治教育实践下的产物，它是思想政治教育活动的基本形式，同时思想政治教育载体对思想政治教育活动的成效具有非常直接的影响。这就决定了思想政治教育载体的整合运用必须着眼于思想政治教育活动的实际，即思想政治教育载体的整合运用在实践上必须具备一定的可操作性。要提升载体整合运用的可操作性，从原则上讲，需要克服思想政治教育工作中重内容轻形式（即重视思想政治教育内容，而轻视通过有效的形式来实现）的不良倾向。从具体操作上看，思想政治教育载体的整合运用，要从社会大环境、教育及其管理体制等方面，从物力、财力、人力及技术上保障思想政治教育载体的建设及其运用。比如，在高校为了保障网络载体与课程载体的互补运用，我们要不断强调资金和技术投入，要不断对思想政治教育载体加强两种载体互补运用的观念引导，才能保障思想政治教育载体整合运用的可操作性。

（四）主导性原则

主导性原则，是指在思想政治教育载体整合运用过程中以马克思主义理论为指导，坚持社会主义的政治方向。具体讲，主导性原则有两层意思：一是思想政治教育载体的整合运用要坚持正确的理论指导，要积极贯彻党的路线方针政策，为传递特定的思想政治教育内容和信息服务。二是在思想政治教育载体整合运用的过程中，众多的思想政治教育载体围绕着一个中心任务发挥作用。在这种情况下，某一种或几种思想政治教育载体是主导，而其他载体则是补充。因此，主导性原则要求我们在运用思想政治教育载体的过程中首先要坚持马克思主义理论的指导，同时思想政治教育载体的整合运用在具体思想政治教育实践中是某一载体为主导其他载体为补充的，即思想政治教育载体的整合运用不是多个载体杂乱无章的协同，而是以某载体为主导的有序运转。

（五）层次性原则

在思想政治教育载体整合运用的实践中，层次性原则是指载体的整合运用要立足于受教育者的实际，针对受教育者不同层次的思想觉悟水平，选择运用思想政治教育载体。层次性原则要求我们必须进行非常细致的观察，从而明确区分受教育者的思想层次，根据受教育者的觉悟水平，我们可以将受教育者划分为先进、中等、落后等群体层次。依据不同的思想层次，整合运用思想政治教育载体。坚持循序渐进，整合运用思想政治教育载体，环环相扣，不断提升运用的难度，力争做到让不同层次的受教育者在载体运用实践中都能不断得到提高。可见，按照层次性原则整合运用思想政治教育载体符合人的认知规律。

（六）有效性原则

有效性原则，是对思想政治教育载体整合运用的最基本的要求。有效性原则强调的是思想政治教育载体运用的实际效果与预期效果的统一。坚持有效性原则可从以下几个方面着手。

一是在载体的整合运用中坚持实事求是的思想路线。依据不同的受教育者的实际情况，开发、选择、运用不同的思想政治教育载体，以求得最佳的思想政治教育效果。二是在载体的整合运用中实行目标管理。思想政治教育的总目标是培养"四有"新人，但这个目标也可以进行层级分解。具体做法就是将长期目标近期化，将抽象目标具体化，将群体目标个体化。

总之，思想政治教育载体形态多样，每种载体都有其特点及功能。思想政治教育载体的整合运用，应该按照上述各种原则，对种类繁多的思想政治教育载体进行统筹规划，实现优势互补，以期充分发挥不同思想政治教育载体的功能，落实思想政治教育载体的育人合力。

二 思想政治教育载体整合运用的方法

（一）纵向整合运用法

纵向整合运用法，又称叠加运用法，就是在向受教育者传递同一思想政治教育内容时，从纵向上整合运用传统与新兴思想政治教育载体，从而使教育内容和信息深入受教育者内心，加深受教育者对这一内容和信息的理解。

纵向整合运用法，本质上是在传递同一思想政治教育内容和信息时，叠加运用不同的思想政治教育载体，它强调思想政治教育内容传递的重复性。实践证明，重复是一种有益于思想政治教育信息传递的方式。因为，在传递某一思想政治教育内容时，要想使其深入受教育者内心，需要教育者在不同的时空上反复强调这一思想政治教育内容，才能产生正效应。如进行爱国主义内容宣传时，可将观看爱国主义影视作品、开展爱国主义知识竞赛、开展爱国主义征文与演讲、开展爱国主义歌咏比赛、参观爱国主义教育基地、阅读弘扬爱国主义书籍、网络爱国主义宣传等传统载体和新兴载体整合运用的方式，就可以实现思想政治教育内容的重复与叠加效应。

（二）横向整合运用法

与纵向整合运用法不同，横向整合运用法是指不再区分传统与新兴思想政治教育载体，运用不同功能、不同类型、不同形式的思想政治教育载体，使思想政治教育内容和信息借助于这些载体在同一时间、不同空间上进行多层次的复合式传播，从而使受教育者在不同层次、不同角度对思想政治教育的内容和信息有深入的认知和感受。例如，每一年"5·25"心理健康节，我们可以依照横向整合运用法，将图文并茂的知识板块宣传、心理咨询、专题讲座、心理健康征文、广播电视电影、网上心理咨询等方式整合起来，可以使人们在心理健康节从不同空间和维度接受有关心理健康的思想政治教育内容和信息，从而促其心理健康的发展。

（三）优化整合运用法

优化整合运用法是指在整合运用载体时依据更好、更优的取向进行载体的选择、加工和完善，使不同载体的功能、作用更加协调和契合。思想政治教育载体的优化整合可从以下几个方面着手。

一是载体整合运用表现形态的优化。载体整合运用表现形态的优化，可以吸引人的眼球，提升美感，有利于受教育者心甘情愿地接受载体承载的思想政治教育内容和信息。譬如在学校思想政治教育领域，整合运用课程载体与网络载体时，如果能再辅之以多媒体技术及各种动画画面，就不会让受教育者感觉网络课程是实地课程的翻版，就会使思想政治教育载体整合运用的形态更加优化，容易吸引受教育者的注意力，能够使受教育者感观要求得到满足的同时接受大量的思想政治教育内容和信息。

二是思想政治教育载体整合运用操作细节的优化。我们通常讲"细节决定成败"，思想政治教育载体的整合运用在操作细节上也要不断地优化，在不同载体的功能协同中要避免冲突，相互契合；在不同载体的运行机制上要环环紧扣，相互渗透，形成教育的合力。

三是思想政治教育载体整合运用过程中思维方式的优化。思想政治教育载体的整合运用是否科学、有效，是否切合受教育者的实际，能否放大单个载体的功能，最终取决于思想政治教育者的思维方式，因为思想政治教育者是载体整合运用的主导者和操控者。培养思想政治教育者科学的思维方式，是更好地整合运用思想政治教育载体的关键。

（四）集成整合运用法

在思想政治教育载体整合运用实践中，集成整合运用法是指集不同思想政治教育载体形式、功能、作用之大成，发挥思想政治教育载体的综合效能。这种方法的运用可从以下几个方面着手。

一是集不同载体形式运用之大成。在现实生活中，每个思想政治教育载体都有不同的存在形式和表现形式。如文化载体的存在形式是"弥散型"的，即看不见摸不着的，却时时刻刻都在潜移默化地影响着每一个人；而活动载体的存在形式是"动态的"，即可以感受到甚至说可以身处其中的。文化载体与活动载体的整合运用，如校园文化艺术节活动，其在表现形式上就是思想政治教育载体的集成整合。

二是集不同载体功能之大成。在现实的思想政治教育实践中，不同的思想政治教育载体其功能及发挥作用的方式也是各不相同的。有的思想政治教育载体承载、传递思想政治教育内容和信息是直接的，有的则是间接的；有的思想政治教育载体发挥的作用是显性的，有的则是隐性的；有的思想政治教育载体的作用是具体的，有的则是泛化的。有的思想政治教育载体承载、传递思想政治教育信息时，不仅能达到教育作用，而且可以愉悦受教育者的身心；有的思想政治教育载体承载、传递的思想政治教育信息可为受教育者心甘情愿地接受，有的则不能；有的思想政治教育载体其功能着眼于眼前，有的则着眼于长远，这种情况不一而足。因此，在整合运用思想政治教育载体时，我们既要分清不同思想政治教育载体的具体功能，同时又要实现不同载体功能的集成与融合。如文化载体发挥功能时可能是无形的，而管理等思想政治教育载体功能的发挥则是有形的。所以，在进行思想政治教育载体的整合运用时，就要兼顾，使载体整合运用的功能不断完善、放大。

第四节 思想政治教育载体整合运用的理路

一 各种思想政治教育载体的嫁接

各种不同的思想政治教育载体的嫁接不同于载体间的互动，它是通过把一种载体嫁接在另一种载体上，形成一种复合载体来发挥作用的。这种载体的相互嫁接可以是传统思想政治教育载体与新兴思想政治教育载体的嫁接，也可以是新兴思想政治教育载体之间的嫁接。

（一）传统思想政治教育载体与新兴思想政治教育载体的嫁接

思想政治理论课程载体（以下简称"课程载体"）是我们过去开展思想政治教育工作的主要载体，我们把它称作一种传统思想政治教育载体。随着科学技术的发展，一些新兴的思想政治教育载体形式不断涌现，如网络载体、新数字媒体等。新兴载体的出现，是不是意味着传统载体的没落呢？显然不是。传统思想政治教育载体和新兴思想政治教育载体的单独的育人效果都是比较有限的，如何把传统的思想政治教育载体和新兴的思想政治教育载体相互嫁接，以一种新的形式出现，其整体育人效果显然大于其中任何一个载体的育人效果。

在高校思想政治教育实践中，课程载体与网络载体的嫁接则是传统思想政治教育载体与新兴思想政治教育载体嫁接的集大成表现。课程载体注重思想政治教育内容和思想政治教育信息的灌输，从承载和传递思想政治教育信息这个角度看，有其优越性，但由于其灌输性较强，容易使受教育者产生疲劳感和逆反心理；网络载体形式比较新颖、视觉效果好，可以比较容易地吸引受教育者的注意力，但网络载体如不承载大量的思想政治教育内容和信息，也是不能发挥其思想政治教育效果的。如果我们把这两种思想政治教育载体嫁接起来，形成新的思想政治教育网络课程载体，则可以克服两种载体形式的弊端，使课程载体形象化、生动化，使网络载体具有更强的思想政治教育功能色彩。

（二）新兴思想政治教育载体之间的嫁接

新兴思想政治教育载体与社会的发展以及人的思想政治状况更为接近，其育人效果本身就很高。如果能够实现新兴思想政治教育载体之间的嫁接，则可以更好地落实思想政治教育载体的运用成效。

网络载体和心理咨询载体都是改革开放后出现的新兴思想政治教育

载体形式。网络载体和心理咨询载体都有其独特的育人优势。将网络载体与心理咨询载体进行嫁接，开展网络心理咨询，其育人优势将更为明显。如：在网络心理咨询中，咨询活动的开放度具有良好的可控性，即可以将咨询活动向网友敞开，使其成为受教育者或者咨询者，而不伤害咨询者，而且网络心理咨询有更好的隐蔽性，使咨询者能够将自己的心扉敞开，从而提高咨询的效果。

二 各种思想政治教育载体直接目标的协调

思想政治教育无论采用何种载体，其目标是共同的。但不同的思想政治教育载体其直接目标则是相异的。譬如，在高校思想政治教育载体的运用实践中，课程载体的直接目标是要求学生掌握国家的基本方针政策，形成正确的世界观、价值观和人生观；管理载体的直接目标是形成校园秩序、要求学生有良好的行为规范；心理咨询载体的直接目标主要是解决学生个体心理调适问题，一般都回避直接的价值灌输。如何避免这种各自为政的现象呢？只有在载体的整合运用时，尽力实现各种载体直接目标在思想政治教育总体目标下的协调。这种协调要求各种思想政治教育载体的运用必须与思想政治教育的目标之间建立并保持协调一致的关系，这种关系一旦被割裂，教育目标就会失去对载体运用的指导作用和约束力，载体设计和运用（不管方式有多么新颖）都会出现方向紊乱，进而无法实现思想政治教育的目的。

因此，要实现思想政治教育载体的整合运用，不同的载体发挥作用的目标必须相互协调。必须把各种思想政治教育载体的直接目标都放在实现思想政治教育的总体目标中思考，不能只就自己的直接作用的发挥和直接目标的实现角度思考问题。比如，在高校思想政治教育实践中，心理咨询载体的直接目标主要是解决学生个体心理调适问题，一般都回避直接的价值灌输；课程载体的直接目标主要是进行思想政治理论的灌输,有鲜明的价值观。二者在直接目标上的差别导致就同一问题对学生的导向可能会不同,如对大学生恋爱问题,传统的思想政治教育往往讲是否该谈恋爱等理性认识方面的问题,而心理咨询往往注重如何把握自我的心理状态、如何处理具体的人际关系。如果站在育人的高度,二者完全应该结合起来,也能够结合起来,因为恋爱问题既不单纯是理性认识问题,也不单纯是心理问题。要真正解决这个问题,必须从心理、从感性的角度切入,逐步向理性认识引导,提升学生的整个心智状态。

三 各种思想政治教育载体承载内容的交融

"由于思想政治教育的目的和任务内在规定的丰富性,受教育者思想品德状况的多样性、复杂性和动态性,因此,思想政治教育的内容也是丰富多样的,是一个复杂的、动态的系统。"[①] 思想政治教育的内容可以从横向和纵向上归纳。从横向上看,思想政治教育的内容分为思想教育、政治教育、道德教育、法制教育和心理教育五个方面;从纵向上看,思想政治教育的内容有基础层次的公民教育,有处于中间层次的社会主义觉悟的培养,有高层次的共产主义信念教育。不同的思想政治教育载体在承载思想政治教育的内容和信息时,因承载方式的不同,在承载的具体内容上就各有其侧重点,但是,必须在思想政治教育目标的统摄下相互协调。

(一) 各种思想政治教育载体承载的内容本质上不能相互冲突

不同的思想政治教育载体承载的思想政治教育内容各有其侧重点,但在本质上应该是统一的。如果各种思想政治教育载体承载的思想政治教育内容在本质上不统一,就会削弱或抵消思想政治教育载体整合运用的效果。比如,在高校思想政治教育实践中,课程载体和心理咨询载体

---

① 张耀灿、陈万柏:《思想政治教育学原理》,高等教育出版社,2001,第137页。

都是常用的思想政治教育载体，这两种载体承载的思想政治教育内容各有不同，课程载体承载了大量的思想政治理论；心理咨询载体则更侧重于心理疏导。这两种载体承载的思想政治教育内容和信息的侧重点是不同的，但从本质上看，则是统一的，即都向受教育者传输有用的思想政治教育内容和信息。正是因为承载的内容在本质上是统一的，所以在高校思想政治教育工作中，我们经常把课程载体和心理咨询载体紧密结合，将思想政治品德教育与心理教育相互交融，更好地发挥思想政治教育载体的育人功能。

（二）各种思想政治教育载体承载的思想政治教育内容必须与时俱进

随着时代的进步、社会的发展和受教育者思想实际的变化，思想政治教育载体承载的教育内容也处于动态发展中，这就要求在保持思想政治教育载体形式的相对稳定性中，不断进行内容的更新。例如在高校思想政治教育实践中，思想政治理论课的教学内容年年都有新的调整和变化，就是为了保持这种适应性和与时俱进。

四 各种思想政治教育载体功能发挥的优化

在思想政治教育载体整合运用过程中，要注意避免思想政治教育载体功能异化、相互冲突以及主补载体倒置的现象。要尽可能地使各种思想政治教育载体功能的发挥相互协调，从而获得最佳的教育效果。

（一）要努力克服思想政治教育载体功能异化的现象

思想政治教育载体在整合运用的过程中，必然会以一些新的形式出现，但这种运用绝不能丧失思想政治教育应有的引导力，绝不能仅仅是为了迎合受教育者。在部分思想政治教育实践中，活动载体的运用存在着迎合取悦受教育者、不注重思想政治教育应有的引导力的现象。比如，一些单位的党团组织生活搞成了娱乐性太强的活动；各种纪念活动中开展的卡拉OK比赛，曲目全是流行歌曲；红色旅游活动被组织成了没有任何纪念和缅怀意义的休闲游……这些现象实际上都是思想政治教育载体功能的异化，我们要努力避免出现这些现象。

（二）要避免各种思想政治教育载体功能发挥过程中可能出现的冲突现象

在思想政治教育载体运用的过程中，要避免各种思想政治教育载体功能发挥过程中有可能出现的冲突现象。比如，高校多媒体教学和网络教学中，生动的教学辅助性信息容易激发学生兴趣、吸引学生注意力，大众传播载体的功效明显；但是，此刻可能学生根本没有注意，甚至没有兴趣听老师真正要讲解什么。生动的教辅信息遮蔽了教育内容本身，传播载体的运用对教育目标的实现产生了负面效应，这种冲突的解决在于分清载体功能发挥的主从关系。

（三）各种思想政治教育载体功能发挥过程中要分清主补

在思想政治教育过程中，存在着支流载体不断膨胀而主导载体相对削弱的状况，这种现象在高校思想政治教育工作中特别要注意避免。在高校思想政治教育实践中，思想政治理论课应该是主要的思想政治教育载体，我们应该在发挥其主导作用的基础上拓展其他的渠道，形成以思想政治理论课程载体为主、其他载体为补充的格局。绝不能单纯地寻求新颖的思想政治教育载体，绝对不能喧宾夺主，绝不能丧失基本的阵地。

五 各种思想政治教育载体运作方式的相互协调

思想政治教育载体的运作是一个环环相扣的实施过程，必须从每个运作环节抓起。无论是载体方案的设计和优选，载体运作的组织与调控，还是载体运用效果的评估、总结与反馈，都必须做实、做细；还要搞好载体内在的各环节间的衔接工作，促使载体运作的科学化、规范化、程序化；在单个载体运用的规范化基础上，要将不同的载体运用整合为协调有序的有机整体。整个运作方式要从自发式转向自觉设计,从单一运用向整体联动转化,从注重活动的进行转向对活动效果的追求,从而避免载体不断增加,活动越来越多,主题不鲜明,效果不明显的情况。

思想政治教育载体运作方式的协调就是要求对载体进行序列化、工程化运作。各个载体要按照一定的方向和程序,交错配置,相互衔接,在吸引受教育者注意力、刺激兴奋点上的节奏恰当,在时间、空间和内容上达到完美契合,成为连续性的教育序列,在彼此交互作用过程中提高系统的整体机能。比如,在高校课程载体和谈话载体的整合运用中,要充分发挥课程载体运作的特点,如时间的稳定性、内容的系统性、活动组织的正式性和运作的效率性等,以形成教育的主导性载体;同时,以谈话载体为补充,能够弥补课程载体在对个体思想认识的针对性上的不足。

六　各种思想政治教育载体运作机制的相互协调

思想政治教育载体的正常运行有赖于体制性的保障。"思想政治工作,各个部门都要负责任。共产党应该管,青年团应该管,政府主管部门应该管,学校的校长教师更应该管。"[①] 思想政治教育载体建设必须树立系统开发的理念。要树立"大政工""大德育"的整体观念,调动一切积极因素,齐抓共管,形成合力,这是整体建构与运用思想政治教育载体的思想前提。

虽然不同载体分属于不同的具体部门,由不同角色的具体人员去实施,但是实践证明,由单个部门来完成思想政治教育工作已经不可能,独立封闭的思想政治教育活动将被综合化的思想政治教育所代替。综合

---

① 孟庆波:《基于网络的高校思想政治教育探析》,《吉林省教育学院学报》2008 年第 3 期第 54 页。

化的思想政治教育体系是一个开放式的体系，这一体系是多渠道多层次的，各自有明确分工，相互又紧密结合。比如在学校思想政治教育实践中，党委、行政、教学、团委等要齐抓共管，教学工作和管理工作整体联动，知识传授和文化活动相互配合，理论和实际相互贯通，政工人员和专家学者的力量互相配合。综合化的思想政治教育工作体系不仅要消除思想政治教育的"空白点"，而且要改变各自为政的做法。思想政治教育的综合化就是要形成"大德育"的态势，改变过去那种仅依靠专门的思想政治教育部门和工作者的旧观念，要动员所有的教育力量（学校教育力量和社会教育力量），利用一切形式、一切载体来完成思想政治教育的任务。

第五节 思想政治教育载体整合运用的范例——课程载体与网络载体的互补运用

思想政治教育载体类型较广，有学者进行归纳大致有"八大类四十余种"。[①] 在高校思想政治教育实践中，课程载体可谓最基本、最重要的思想政治教育载体，网络载体则视为高校思想政治教育领域的颇为新颖的载体形式。课程载体是高校教师利用高校思想理论课程教学，与学生互动，进而实现思想政治教育目标的一种教育活动。网络载体，即依托网络平台承载传递思想政治教育信息，通俗地讲就是利用互联网开展思想政治教育工作。不同类型的思想政治教育载体在育人实践中互相联系、互相渗透、互相作用，没有哪一种类型的载体可以不依靠其他载体的支持而"包打天下"。课程载体与网络载体的互补运用，是实现思想政治教育载体育人合力化的一种有效尝试。

---

① 陈万柏：《思想政治教育载体论》，湖北人民出版社，2003，第 24 页。

一 课程载体与网络载体的互补关系

(一) 教育时空上的互补

在当前高校思想政治教育实践中,由于思想政治教育理论课本身具有内在的有序性,加之高校思想政治教育师资资源有限,因此,高校思想政治教育课程载体的运用,必须由学校统一安排,教育者依据特定的教育目标,在同一时间、同一地点把受教育者集中起来进行马克思主义理论教学。在这种集中的理论讲授模式下,课程载体的运用,总是要受特定的时间与空间的限制,譬如,在课堂外,课程载体对受教育者的思想政治品德的调节和控制则明显具有局限。

高校思想政治教育网络载体的出现,突破了课程载体在时间与空间上的限制,可以补充和强化课程载体的育人效果。因为网络具有开放性,它不受时空的限制,并且是全天候开放的。受教育者可以轻松地在网上查找自己感兴趣的思想政治教育信息,消解自己的困惑;或者随时登录自己比较关注的高校思想政治教育专题网站、思想政治教育论坛等网页,浏览接受相关的思想政治教育信息,进行自我教育。同时,因为网络不受时空的限制,思想政治教育者可以在课后利用这个平台跟受教育者就一些思想问题进行一对一的、私密的交流,这就可以深化思想政治教育课程载体的育人效果。

(二) 教育理念上的互补

在高校思想政治教育课程载体的运用过程中,教育者一般占据教育主体地位,受教育者(大学生)一般被当作教育目标和教育内容指向的对象(教育客体)。在这种教育过程中,教育机制和理念则是从权威向大众的强制性辐射。从保障思想政治教育内容有效地传递给受教育者的视角上看,这种权威式的教育理念有其优越性,但是我们也应该认识到,权威式的教育理念具有显性思想政治教育工作特征,容易引发受教育者的逆反心理。

在高校思想政治教育网络载体运用实践中，其育人机制和理念则具有相对隐性和去权威性的特点。在这个意义上，网络载体与课程载体的互补运用，无疑为思想政治理论课教学成效的提升开辟了一条新的道路。因为网络是一个开放的世界，在这个世界里，人们可以不受时间、地点的约束发生联系。同时，在网络世界里，传统的学校教育领域的身份与权力都失去了作用，人与人之间真正实现了平等。可见，在高校思想政治教育领域，网络载体以开放、平等的姿态，以"润物细无声"的方式开展思想政治教育工作，在教育理念上与课程载体形成了有效的互补。

（三）教育形式上的互补

高校思想政治教育课程载体的运用，基本是沿袭传统的"一支笔、一本书、一块黑板"的课堂教学模式，随着多媒体教育技术的发展及普及，课堂教学手段得到了进一步的提升，但仍然没有超越以往传统课堂理论授课模式。在这种教学模式中，思想政治教育信息的传递主要通过教师、学生面对面直接交流来实现。这种教学形式的优点是教育内容的传递直接可靠，没有中间环节。但这种教学模式亦具有一定的局限：首先，在课堂教学模式中，因为教学活动是在一个相对封闭的环境中进行的，如果教育者不具较好的思想政治教育知识素质及丰富的教育手段，教育效果易打折扣。其次，在课堂教学模式中，教育活动的展开主要是通过教育者讲述、受教育者聆听实现的，速度慢、周期长、效率低。最后，在课堂教学模式中，囿于课程的进度及共同的教育目标，教育者在授课时根本无法兼顾到不同受教育者的思想基础、接受能力和性格特征等方面的不同，只能采取用"步调一致"的方式开展教育，这有悖于教育规律，效果自然打折扣。

网络载体的运用，使高校思想政治教育的手段更加丰富和多样化。"网络的图文并茂，声像结合，增添了教育的感染力，优于传统的'言传笔授'的教育手段。"① "思想政治教育网络可以做到大容量、大口径的信息输出传播速度快,操作便捷,极大地提高了思想政治教育的时效、传播效果及覆盖面,能够实现思想政治教育工作由'人力密集型'向'科技密集型'的转变。"② 高校思想政治教育网络载体以其特有的信息集成性、双向交流和可选择性等优点,形成了独特的"网络—学生"式的新型信息传递机制。这种新型的信息传递机制,相比课程载体"教师—学生"信息传递机制,具有促进学生自我教育的优点。"大学生接受不同主体经过不同途径传递的不同倾向的思想政治意识的频率越来越大,其信息摄取行为也越来越个体化、隐蔽化,接受信息的自主性越来越强。"③

二 利用网络载体提升课程载体的效果

(一) 利用网络信息增强课程理论的时效性

2004年10月15日,中共中央、国务院颁布《关于进一步加强和改进大学生思想政治教育的意见》,该文件明确指出:"当代我国高等院校大学生思想政治教育实践要求'体现时代性,把握规律性,富于创造性,增强实效性'。"在这里,"体现时代性",就是对课程载体运用的具体要求,也就是要求高校思想政治教育教师在课程教学时,要从时代的高度去审视自己的教育内容和教育方法,突出解决当前大学生思想上的困惑。

在高校思想政治教育实践中,因为囿于各种因素的限制,一些能够

---

① 李宁:《互联网在校园文化建设中的作用》,《商业文化》(学术版) 2008 年第 5 期,第 54 页。
② 孟庆波:《基于网络的高校思想政治教育探析》,《吉林省教育学院学报》2008 年第 3 期,第 54 页。
③ 库来惜·阿不都拉:《走进网络时代的青年大学生思想政治工作》,《新疆广播电视大学学报》2002 年第 3 期,第 54 页。

反映时代要求和受教育者需要的思想政治教育内容和信息不一定能够及时地编入大学思想政治教育的教材，课程载体承载和传递的思想政治教育内容和信息日益显示出滞后性，这必然会影响到思想政治教育课程载体的运用效果。而网络在信息的发布和传递上具有其他媒介所不具有的及时性。利用网络平台，高校思想政治教育工作者可以向受教育者发布最新的政治、社会热点问题及各类事件的发展动态。因此，网络思想政治教育载体的运用，则可以增强课程理论的时效性。借用网络信息增强课程理论时效，这就对我国高校教师提出了更高的要求，要求教师不仅要熟悉网络载体，而且要善于把传统的课堂教学与网络很好地结合起来，创造出更多的"情景交融、融于时代"的教学平台。

（二）利用网络载体增强受教育者参与课程载体的程度

思想政治教育理论课程教学是高校思想政治教育的主要阵地，担负着举足轻重的作用。但是在高校思想政治教育课程载体的运用中，逐步形成了"以教师、以课堂、以教材为中心"的显性教学方式。这种方式过于注重对受教育者进行思想政治品德的培养和训练，忽视了受教育者在思想政治教育课程载体运用的主体性，容易引起受教育者对思想政治理论课的抵触，不易激发受教育者参与课堂教学的积极性。

因为网络活动具有很强的主体参与性，高校思想政治教育网络载体与课程载体的互补运用，可以增强学生的主体性。在这两种载体互补运用的过程中，高校思想政治教育工作者可以依托校园网建立专门的思想政治教育论坛、思想政治教育博客、QQ群等，从而让受教育者在网络平台对思想政治理论课程教学提出自己的想法与建议，互相交流学习的心得与体会，针对课堂学习中的疑难问题和社会热点问题展开讨论等。通过网络平台，思想政治教育者可以比较隐蔽而又及时地掌握受教育者的心理及思想发展动态，根据受教育者反馈的信息调整课堂教学方法与进度，而受教育者则可以通过网络平台与思想政治教育者对等互动，更好地领会掌握课堂教学的内容，实现自己对马克思主义理论知识的内化。

（三）利用网络资源提升课堂教学的效果

随着我国经济政治体制改革的深化，社会生活亦发生了重大的变化，社会经济成分与利益分配方式等日益多样化，人们思想、活动的独立性与差异性逐渐增强。"大学生面临着西方文化思潮和价值观念的冲击。"① 如何引导大学生正确看待世界与我国社会发展状态的变化？如何引导大学生更好地适应社会的发展？这是高校思想政治理论课教学不能回避也必须解决的一个问题。如果不能对大学生的主要思想困惑做出合适的解答，思想政治理论课教学的效果就得不到保障。

要解决当代大学的思想困惑，要求教育者从教材出发，同时要超越教材。也就是说教育者在讲清楚教材的基本理论内容的同时，还要扩充书本中没有而现实生活中与大学生紧密相关的鲜活的素材。与书本相比，网络在思想政治教育信息的存储和提取方面具有内容海量和速度快的优点。高校思想政治教育者，在从事思想政治理论课教学时，要注意利用网络搜索整理与课堂教学相关的而书本上没有的素材。这些鲜活的素材，更容易被学生接受，更容易激发学生的学习热情。学生参与课堂教学的积极性增强了，思想政治理论课程教学的效果自然有保障。

三　利用课程载体克服网络载体的局限

（一）通过课堂引导改善大学生上网习惯

网络承载的信息量大而且多样，这对好奇心极强的大学生产生了强大的吸引力，致其沉溺于网络。网络因其具有开放性，继而摆脱了传统社会的管理和控制，让人形成在网上可以"为所欲为"的印象，这对缺乏一定是非鉴定能力与约束力的大学生来说无疑是一种强大的心理诱

---

① 尤建国：《多元文化背景下高职思想政治教育改革的现状与对策》，《教育探索》2007年第11期，第65页。

惑，由此产生一些道德失范、危害正常网络秩序的现象。另外，网络上的一些不良信息也容易对一些自制力不强的大学生产生诱惑。可见，网络载体的局限性也是非常明显的。

面对网络载体的局限性，课程载体明显可以弥补其不足。因为，课程载体运用过程中宣传的内容具有很强的价值指导性与科学理论性。因此，在运用网络载体提升课程载体运用成效的过程中，必须同时重视利用课程载体去引导大学生，让学生形成健康的上网习惯，自觉地抵御网络的负面影响，掌握科学的理论知识，树立正确的人生方向，用科学的理论知识武装自己的头脑，坚定自己的信念。

（二）通过课堂教学提高学生对网络信息的分辨能力

网络世界的主流是健康向上的，在增加大学生的知识储备方面起着不可忽视的作用。但是，我们也应该看到，网上也有不少消极颓废、带有色情甚至是包含反动内容的信息，即垃圾信息。这些垃圾信息的误导带有具体形象、诱惑力强、庞杂等特征，对高校大学生的传统道德行为规范形成了巨大的冲击。

高校思想政治教育的任务就是帮助学生树立科学的理想信念，坚定社会主义理想信念。课程载体的运用，可以增强学生辨别是非的能力，在良莠不齐的网络信息面前做出正确的选择。通过高校思想政治教育理论课程对大学生进行马克思主义教育，坚定大学生的信念与立场，培养他们运用辩证唯物主义去分析问题与解决问题的实际能力，让大学生能够正确分辨网络上的各种言论，引导大学生自觉地把个人的理想信念融入国家利益之中，积极地为建设中国特色社会主义现代化目标而努力奋斗。

总之，现代思想政治教育载体形式繁多，要实现思想政治教育载体育人功能的最大化，就必须把思想政治教育载体作为一个整体去加以运用。因为，整体的功能大于局部。我们唯有把多样化的思想政治教育载体整合成一盘棋，才能集中力量办大事。因此，从多载体整合运用的视角架构现代思想政治教育载体合力化运用模式是可行的也是必须的。在高校思想政治教育实践中，课程载体与网络载体的互补运用，可以更好地体现高校思想政治教育坚持以学生为主体的教学理念，可以有效地实现围绕以学生的学习活动来安排与设计教学的方法。在顺应时代和社会发展要求的前提下，思想政治理论课程载体与网络载体互补运用，这不仅是实施大学生素质教育的要求，更是增强高校思想政治教育理论课程教学实效性的必要前提。

第九章

国外思想政治教育载体运用经验的借鉴

思想政治教育是中国共产党的优良传统，但思想政治教育并非为我国独有，它是人类社会发展到阶级社会阶段中普遍存在的一种必然现象，因为每个国家都需要解决如何教化自己的国民，促使其正常社会化的问题。国外虽无思想政治教育载体这一概念，但它们所说到的德育方式、途径在功能上等同于我们所说的思想政治教育载体。尽管我国和西方资本主义国家在历史背景、社会制度特别是思想政治教育的价值取向上不同，但是思想政治教育的工具（载体）却是带有共性，是可以相互借鉴的。因此，在明确思想政治教育的阶级性的前提下，借鉴当代国外一些好的经验，对于改善我们的思想政治教育工作具有非常现实的意义。

第一节　国外思想政治教育载体的形式和特点

一　国外思想政治教育载体的形式

（一）课堂教学

同中国一样，西方资本主义国家也比较重视运用课堂教学开展思想政治教育活动。美国、英国、法国、德国等都专门设置了思想政治教育课程。美国的学校课程基本上可以分为两种，一种是与思想政治教育内容有关联的，如公民科、历史科、地理科、法律科、社会科等，另一种就是专业课程。美国有95％的大学设置了各种通识课程，其中包括美国宪法、美国现代文明、西方思想史、西方文明史等，这些通识课程一般都是大学生必修的基础课。美国通识课程的政治性和理论性也比较强，贯穿着资产阶级的世界观和价值观。在法国，德育课程的设置、教学大纲及教材等，都由法国教育部统一规定。在英国，德育的目标是使受教育者了解德育的价值，尊重不同的民族与宗教，以帮助受教育者了解现实世界、理解国家间相互依赖的关系。日本的德育教学也极为丰富多彩，如专题讨论、理论讲解、辩论、看录像歌剧等。同时，日本设有专门的道德课，在中小学每周一节。而且日本还要求学校的各门课程都要融入德育内容，譬如：国语课程、历史课程、地理课程、音乐课程、美术课程、体育课程乃至数理化、生物等课程，无一例外地都应该与德育教育相配合。日本教育主管部门文部省曾经颁布过《学习指导纲要》，该纲要对日本学校各门课程应培养受教育者什么样的思想品德，应该承担什么样的培养责任，都做了十分明确的界定。

（二）政党和政治活动

西方国家还比较注重借助政党活动开展对国民的教育，这在美国较为典型。美国的政党管理体制比较松散，大选前，美国公民可以自由地进行政党登记。美国公民加入党派相当自由，无论是民主党还是共和党入党登记都没有强制性要求。值得一提的是，美国入党登记到了第二年时，公民可以自由地放弃以前的政党而进行重新选择。可见，在美国的政党活动中，党员是具有流动性的。因为党员的流动性强，所以四年一次的美国总统大选就充满着许多变数。在这种情况下，美国的民主党和共和党为了吸引民众在总统选举中支持本党提名人，都分别规划了颇有吸引力的总统竞选提纲。同时还要为自己党派的提名人进行舆论造势。

在此种情况下,"竞选不仅是为了达到进军最高权力,同时也是一次对广大民众进行深入全面的思想政治教育的好机会"。① 民主党和共和党的总统竞选活动往往被看作一场政治闹剧,民间戏称为"驴象之争"。但从宣传资产阶级的价值观念等方面来看,这是有一定效果的。

(三) 宗教和宗教活动

在《社会契约论》一书中,卢梭曾把宗教分为两类:一类是与国家、与公共利益有重要关系的公民的宗教信仰,另一类是对另一个世界的宗教信仰。② 在西方大多数资本主义国家,宗教发挥了重要作用。因为,宗教植根于大众生活之中,对大众的世界观、人生观和价值观会产生重要影响,可以规范约束民众的行为。在美国,1987年盖勒普调查公司关于宗教信仰的调查显示,94%的美国人说自己相信上帝,86.5%的人认为自己是基督教教徒。美国政府十分注重以宗教作为媒介对民众施加教化,采纳了多项举措来制造美国公民信仰宗教的氛围。美国的课堂教学、教科书、绘画、小说、影视作品里都渗透着大量的宗教思想。20世纪70年代后,美国政府通过开展福音运动实现了《圣经》与政治的挂钩,宣称做对国家有利的事就是对福音有利,这就把宗教上的传播福音与爱国主义、与国家利益联系起来。在英国,地方当局往往与其认可的宗教教派商定开办相关宗教课程。当然需要指出的是,英国并不强迫学生上宗教课,学生完全有不上宗教课的自由。另外,英国还特别注重早晨的宗教仪式。法国则一般专设宗教课程,直接对公民进行宗教教育。在德国,学校教育与宗教的关系,可以用"母子关系"形容它的过去,用"伙伴关系"形容它的现在,学校德育坚持以宗教教育为核心,同时增设了伦理科、社会科、劳动教育、生活指导等内容。

(四) 各类志愿服务活动

西方资本主义国家非常重视借助于各种志愿服务活动开展思想政治

---

① 陈立思:《当代世界的思想政治教育》,中国人民大学出版社,1994,第69页。
② 李平沤:《主权在民 VS "朕即国家"》,山东人民出版社,2001,第52页。

教育。1990年，美国国会通过《国家、社区服务信托法》，正式将国民服务定为国策。为此，美国还依法专门成立了国家和社区服务委员会，专职志愿活动的全国性协调。1992年美国政府还为该组织提供了7300万元的专项扶持资金，其中绝大多数的资金用于支持全职青年服务和主要由教育机构资助的边服务边学习活动。美国建立这一机构的宗旨在于号召年轻人投身于对国家有利的志愿服务活动，培养公民的责任感。

英国也特别注重志愿服务活动与思想政治教育的有机结合，社区志愿服务活动就是其中的一个典型。在社区志愿服务活动中，社区志愿服务人员帮助那些无家可归者、年老多病者、曾经犯过罪的青少年以及精神不健康者，通过这些社区志愿服务活动，这些参与者的社会责任意识得到了提升。法国有各种各样的志愿者协会，它们各有不同的服务对象，譬如说法国巴黎的"盲人助理协会"，它的创始人贝尔纳·德弗伊本身就是盲人，该协会主要带领盲人外出、读信、办理行政手续等。该协会的总部每天有20多位志愿者值班，而且协会在全国半数的省份都建立了分会。总之，法国的爱心志愿服务活动拥有广泛的群众参与率，据不完全统计，约半数以上的法国人都参加过这一志愿服务活动。

德国同样重视志愿服务活动在公民良好道德养成中的重要作用。德国的志愿服务活动可以分为国家主导的和民间自发的。国家主导的志愿服务活动主要有三种类型：民事防卫、发展援助和民役服务。民间自发的志愿服务组织数量庞大。目前，德国已有30多万名失业人员自发组织的自助组织、志愿机构、生态环保队伍、多元文化所、老年协会和各种社会团体，志愿为社会义务服务。他们被称为"义务社会工作者"（义工）。服务范围涉及为儿童提供电话辅导、照顾危重病人、参加紧急救助工作、为年轻企业家出谋划策、为公园清理垃圾、帮助外国移民融入社会，等等。德国社会上自发形成的志愿服务活动，得到了国家的肯定。1997年，德国有709名义工模范得到各级政府的嘉奖。

（五）大众传媒

大众传媒受众广泛、信息传播速度快，能够在短时间内承载、传递大量的思想政治教育信息。因此，大众传媒在西方思想政治教育实践中也备受青睐。书籍、报纸杂志、广播电视、电影、网络等大众传播媒体都成了西方国家宣传自己国家思想政治观点和道德规范的媒介。在美国，大众传媒特别是网络传媒的思想政治教育功能受到重视。从1968年开始，美国政府就斥资扶持研究互联网络，特别是在20世纪80年代以后，美国一直专注于利用网络平台，培育适合美国未来发展需要的公民。经过数十年的研究与实践，美国凭借其在互联网技术及普及上的优势，探索出了行之有效的把大量的思想政治教育内容注入网络的办法和具体操作路径，建设了相当数量的渗透着浓厚的美国政治特点的网络平台。例如，美国的综合性网站新闻网①就很有代表性，该网站在版面和内容的设计上可谓图文并茂，既全面地介绍了美国的公民生活、政治和政府知识，还详细地介绍了美国的一系列政治制度，包括白宫的政治理念、政治经济制度、总统大选以及各个党派之间的权力制衡等。可见，美国"已经形成了一个信息网络完备、手段丰富多样、方法潜隐巧妙和渗透能力极强的体系，积累了在市场经济和民主法制条件下进行思想政治教育的丰富经验"。②

　　英国也十分注重大众传媒在公民良好品德养成中的作用，英国的主要大众传播媒介英国广播公司（BBC）直接由官方控制。此外，为了更好地掌握民众的道德状况以便有的放矢地开展思想政治教育，英国大众传媒和社会科学界经常联合进行公民思想道德状况的调查，然后将调查结果做成节目，有的还开辟了专栏。

　　在日本，大众传媒在思想政治教育领域也十分受重视。大众传媒被视作政治领域内除官僚、政党、利益集团之外的第四种势力。大众传媒对政治施加影响的主要方式是舆论监督，主要通过反映、引导公众舆论间接影响日本的政治决策、透明度。对于日本政界的一些幕后交易、贪

---

① http://www.sunews.com/usnews/rankguide/rgh-ome.hem.
② 高峰：《美国政治社会化研究》，首都师范大学出版社，2004，第5页。

污腐败等问题，大众传媒也勇于揭露，1974年，日本《文艺春秋》杂志发表了揭露田中角荣首相政治资金来源的评论员文章，引起巨大反响，导致田中内阁倒台。正因为如此，日本政治家都非常重视利用大众传媒来达到自己的政治目的，和传媒搞好关系，争取传媒的支持。

国外思想政治教育具有社会化的特点，几乎所有能够承载传递思想政治教育信息的工具和媒介都会为它们所用。所以，在这里我们无法对国外思想政治教育载体一一列举，只能就课程、宗教、政党和政治活动、志愿服务活动及大众传媒等比较有代表性的内容进行了论述。

二 国外思想政治教育载体的特点

（一）载体的形式多样

国外思想政治教育社会化色彩明显，它们所运用到的承载、传递思想政治教育信息的载体形式繁多，几乎可以渗透到公民生活的每一角落。譬如在美国，课程、书籍、报纸杂志、绘画、史料、典故、影视作品、战争纪念碑、政党与总统竞选活动、志愿服务活动、节日庆典、民俗活动、大众传媒等，都能够成为承载、传递思想政治教育内容和信息的载体。在衣食住行学习工作的方方面面，美国公民都有可能会接触到不同类型的思想教育载体。这些载体共同衬托着一个主题，就是美国精神。"美国精神就是爱国，美国是世界上最好的国家，美国是世界上最强大的国家，美国是最适合生活和居住的地方，美国的政治制度是最先进的制度。"[①] 此外，英国、法国、德国等西方国家的思想政治教育载体形式亦比较多，学校课程、宗教、教师的榜样作用、志愿服务、文化活动等都为它们所用。

（二）载体的学科性背景强

西方国家的思想政治教育载体虽然形式繁多，但它们不是天然生

---

① 苏振芳：《当代国外思想政治教育比较》，社会科学文献出版社，2008，第31页。

成、无章可循的。国外思想政治教育载体一般具有较强的学术背景,有较强的理论支撑,一般经过试用推广后才普及利用。以美国为例,20世纪30年代以来,美国的德育理论不断成熟,进步主义、结构主义、新行为主义等教学理论,以及布卢姆的"掌握学习理论",艾德蒙兹的"有效学校理论"等层出不穷,这为美国思想政治教育载体的完善奠定了坚实的理论基础。美国的历史教育,"可以分为学校课程体系的历史教育和社会历史教育,其中学校课程历史教育在时间安排上也注意互相衔接、循序渐进。小学生重在'知事',即了解历史故事和伟人事迹;中学生重在'明道',即了解事实、过程及因果关系;大学生重在'求道',即了解规律并上升到价值观,要求进行理论分析"。[①]

(三) 载体间的配合度较高

首先,西方国家没有思想政治教育此提法,学校也没有专门的思想品德考核、综合测评等项目,但是西方国家比较注重全社会思想教育的协同,注意不同的教育主体及教育方式(即思想政治教育载体)间的相互配合。以美国为例,国家从立法角度保障家庭、社会和国家在思想政治教育上的一致性。美国弗吉尼亚州法律就规定"学生家长若未能协助学校管教自己的孩子,将会触犯法律而被移送法庭,遭到高额罚金的严峻处罚"。[②]

其次,西方国家还十分重视学校环境与社会环境的统一。仍以美国为例,1989年美国"课程发展与管理协会"制定了一份有关加强学校德育的报告。该报告指出:要把父母、大众传媒、商界、市民社会和宗教团体等教育力量联合起来,从而打造一个有助于德育目标实现的"社会—文化环境"。

再次,西方国家还非常重视政府、社会、媒体、社区及学校(单

---

① 陈立思:《当代世界的思想政治教育》,中国人民大学出版社,1994,第97页。
② 陈立思:《当代世界的思想政治教育》,中国人民大学出版社,1994,第83页。

位)等领域思想政治教育载体传递信息的一致性。譬如在美国,各媒体的新闻报道基本都围绕着一条红线,即对美国社会制度和传统的认同及对其他社会形态的批判。

最后,西方国家还比较注重载体的服务保障。譬如针对志愿者活动载体,绝大部分志愿者依据就近原则,参与离家较近的医院、社区、教堂等机构和组织的志愿活动,而这些机构一般也乐于为他们安排工作并提供各种工作保障。

(四)载体的隐性教育力量强

对于开展教育活动而言,载体都承载着一定的教育信息和价值负荷,它产生作用的方式可以是隐性的也可以是显性的。相对来讲,隐性的教育力量是深刻的、持久的、不易察觉的。国外的思想政治教育虽然也注重课程载体对受教育者的教化作用,但是它们的课程载体并不完全进行正面的灌输,课程载体发挥作用的方式是渗透性的,受教育者在学习当中不由自主地接受了国家的主流意识形态。国外思想政治教育载体的隐性教育力量强,美国利用总统就职典礼活动开展思想政治教育工作,就是一个很好的例子。譬如,1961年约翰·肯尼迪总统在其就职典礼上宣称:"我的美国同胞们,不要问你们的国家能为你们做些什么,而要问你能为自己的国家做些什么?"随后,这句话流传甚广,成为脍炙人口的名言,无形当中思想政治教育载体的育人力量就发挥出来了。再有,美国的公立学校是严禁进行宗教宣传和教育的,但是它鼓励青少年参加志愿活动,并且参加志愿活动的青少年还有可能被免试保送上大学。Vavser大学是一所耶稣教会开办的学校,它接收的第一批学生就是从事社区服务的志愿者。该校为这些学生提供高达12000美元/人的全额奖学金。正如这所大学的负责人所说的:"为他人服务是耶稣教会最明确的教育宗旨。"[①] 可见,在从事宗教志愿者活动中,学生已经

---

① 陈立思:《当代世界的思想政治教育》,中国人民大学出版社,1994,第79页。

润物无声地接受了宗教的观点和主张。

第二节 国外思想政治教育载体运用的基本经验

一 给予政治经济法律上的保障

思想政治教育载体的运用要想富有成效，它要求我们给予观念、经济和法律上的支持与保障。西方国家的领袖人物在观念上重视思想政治教育载体，同时在经济上和法律上对思想政治教育载体的建设和运用进行扶持和保障。

（一）领导人观念上的重视

在西方国家思想政治教育实践中，领袖人物对思想政治教育载体及其建设的重视，无疑为思想政治教育载体的运用提供了观念上的支持。譬如英国前首相撒切尔夫人在谈大众传播时涉及思想政治教育载体的重要性。正如她指出的，新闻机构的工作人员要把意识形态的需求放在最优先的位置，而不应仅把职业的需求放在首位。媒体工作者在开展工作时，就是直接参加政治活动。在此，撒切尔夫人认为新闻工作者首先应该是政府主导思想政治信息的传播者，他们代表国家进行思想政治宣教。这就表达出了国家领袖对思想政治教育载体及思想政治工作者的希望、要求和支持。

在日本，思想政治教育载体特别是其中的大众传媒载体也受到了官方的重视。日本的大众传媒比较注意表达国民的利益诉求，反映民众对特定社会问题的看法，并加以评论，适逢社会有了大事，大众传媒都要进行民间测验和内阁支持率调查。因此，对于大众传媒的报道、评论及民间测验结果，日本领导人都十分重视，有时候甚至会考虑变更原来的决定，这在1989年日本官方取消消费税事件中最为典型。

（二）国家经济上的支持

西方国家对思想政治教育载体及其建设的重视不仅仅表现在国家领导人观念的支持上，更深深地体现为国家在经济上给予载体及其建设的支持。譬如在美国，各级政府斥巨资支持传媒、博物馆及纪念馆等文化事业的发展，并且免费向公众开放。这些场馆集中体现了美国的物质文明和精神文明成果，时刻在宣扬美国的政治制度和价值观念，是美国政府向其国民进行政治、思想、道德教育的重要基地和生动教材。

（三）法律政策的引导

为了保障思想教育载体的建设及运用，西方国家十分重视用相关的法律政策来给予保障和引导。1993年，美国总统克林顿签署了保障青少年义务服务活动的条文，即《全国与社区服务法案》。该法案鼓励青少年学生通过志愿服务活动回报社会，希望青少年能够把美国带回友爱互助和志愿行为的黄金时代。同时，该法案还确保每年做满1400小时义工的青少年可获得政府4725美元的奖学金，这笔钱可用作上大学的学费，也可用于职业技能培训或偿还助学贷款。此外，该法案还提出学校的教员如果以义务方式为失业、待业人员开展再就业培训，就可以获取信誉分，这个信誉分可用于当事人轻度违法时抵免执法部门的处罚。此外，1993年，欧洲青年事务部长会议在维也纳召开时做出如下决定：在积极推进青年志愿服务开展的同时，要在法律上明确青年志愿服务工作的地位。

二 注重优化载体的承载内容

思想政治教育载体是承载、传递思想政治教育内容和信息的中介，它的作用发挥状况在很大程度上有赖于思想政治教育载体承载内容的不断更新。

(一) 注重思想政治教育载体承载内容的时代性

思想政治教育载体要实现其育人效果的最优化，那么它承载传递的思想政治教育内容必须体现时代精神，即思想政治教育承载的内容必须与时俱进，必须体现出其随着时代发展的变动性。在国外，许多国家在思想政治教育载体的运用过程中都比较重视及时把反映时代精神的思想政治教育内容注入思想政治教育。就拿新加坡来说，20世纪70年代，其思想政治教育载体承载的思想政治教育内容主要围绕三个方面展开：一是新加坡的立国精神、信仰、成就；二是新加坡的历史、地理、优良传统道德及固有的文化价值；三是人生、社会与自然的和谐关系。20世纪80年代以后，新加坡思想政治教育载体承载的内容在原有基础上又新添加了国家意识、社会责任等内容。由上可见，新加坡思想政治教育载体承载的内容凸显出与时俱进的特点，具有很强的时代特色。

(二) 注重思想政治教育载体承载内容的多样化

载体只有承载丰富多样的思想政治教育内容和信息，才能充分满足人们在精神消费方面的多样化需求。国外在运用思想政治教育载体时非常注重承载内容的多样化。譬如在英国，学校德育课程载体的运用过程中，融入了宗教教育、社会教育及健康教育、公民教育等内容，特别是其公民教育内容相当丰富，具体包括以下几个方面：社区，多元社会、公民自身、家庭、民主、公民和法律，工作、就业和休闲，公共服务等。[①] 思想政治教育承载内容的丰富多样，不但避免了单一内容引发受教育者的反感，而且还满足了受教育者在精神方面的需求，提升了思想政治教育载体的运用成效。

---

① Janet Edwards and Fogelman, Developing Citizenship in theCurriculum (London: David Fulton Publisher, 1993), p. 23.

三 重视教育者的榜样作用

在思想政治教育载体运用过程中，思想政治教育者是载体的运用主体，其政治品德修养和业务能力，对思想政治教育载体的运用成效具有关键性的影响。因此，西方国家在运用思想政治教育载体开展教育时，非常重视发挥思想政治教育者的表率作用，从而也非常重视加强思想政治教育工作队伍的建设。在美国，全体教师和行政管理人员都被视作思想政治教育工作者，要求他们通过自身良好的政治立场、品德修养和生活习惯来影响受教育者的世界观、人生观和价值观。为了更好地发挥思想政治教育者的垂范作用，美国"课程发展与管理协会"要求把思想品德教育纳入师范教育计划，以保障未来的教师可以很好地开展德育工作。此外，美国政府还非常重视对在职思想政治教育工作者德育素养和能力的培养，同时加强对在职老师政治立场的检查。特别是在"二战"后到"冷战"结束前，美国不允许学校专门讲授马克思主义，更不允许共产党人担任教师。一项调查报告显示：美国高校教师失聘的原因中，"政治思想有危险倾向"的居首位，占失聘人数的31%，而因"学术水平低"失聘的仅占19%。[①] 此外，美国还对其他的思想政治教育工作者，如校长、指导员等要求都非常严格。可见，注重思想政治教育工作者素养的提升及其模范作用，是西方载体运用的成功经验之一。

四 注重载体运用实践中的协同

在国外思想政治教育载体运用实践中，载体的运用者并不简单地局限在学校范围内。学校、家庭、社区、宗教组织甚至社会都是思想政治

---

① 陈立思：《当代世界的思想政治教育》，中国人民大学出版社，1994，第20页。

教育载体的运用主体。为了实现思想政治教育载体育人效果的最大化，国外想方设法实现不同领域的思想政治教育主体在载体运用中的协同。譬如在美国，弗吉尼亚州的法律明文规定："学生家长若未能协助学校管教自己的孩子，将会触犯法律而被移送法庭，遭到高额罚金的严峻处罚。"[1] 这些法规就保障了家庭和学校在思想政治教育载体运用实践中的协同。

同时，国外在思想政治教育载体实践中还比较重视不同载体间的协作，比较有代表性的是美国。1989年，美国"课程发展与管理协会"创制了一份加强学校德育工作的报告，该报告指出要将大众传媒、宗教组织和活动、学校教育联结起来，打造一个有利于学校德育工作的良好"社会—文化"环境。这份报告着重强调社会环境在人的良好品德形成中的重要作用，但在良好环境如何打造这个问题上，该协会实际上指出要通过加强不同的思想政治教育载体间的协作来实现。

此外，为了实现不同思想政治教育载体在运用过程中的协同，国外特别注重政府、传媒及学校等思想政治教育载体在传递思想政治教育内容和信息上的一致性。例如在美国，新闻媒体的报道、学校的课堂教学、宗教活动及志愿活动等思想政治教育载体在传递各种思想政治教育内容和信息时都围绕着一个主线，即对美国自身社会制度和传统的认同及对其他社会文明、社会形态的批判。

第三节　国外思想政治教育载体运用经验的启示

由于社会制度及意识形态信仰的不同，国外思想政治教育与中国的思想政治教育的阶级性质和服务对象不尽相同，甚至截然相反，但就承

---

[1] 陈立思：《当代世界的思想政治教育》，中国人民大学出版社，1994，第83页。

载思想政治教育内容和信息的工具（即载体）本身而言则可以突破阶级和意识形态的限制，国外的载体类型及其运用经验，可为中国思想政治教育载体运用水平的提升提供经验借鉴。

一　加强隐性思想政治教育载体的运用

从表现形式上看，思想政治教育载体可以分为显性载体和隐性载体。显性思想政治教育载体的作用方式比较直接，方法上多以"灌输"为主，学校的课堂教学即为最典型的显性思想政治教育载体；隐性思想政治教育载体则是将特定的思想政治教育内容和信息依附于具体的场景、活动、行为、网络和心理咨询之中，通过间接的形式让受教育者在自由选择的基础上接受思想政治教育，如各种志愿活动、大众传媒、网络、心理咨询等是隐性思想政治教育载体的典型。国外思想政治教育工作者特别注重隐性思想政治教育载体的运用，他们主张良好的道德是被感染的而非被教导的。在国外学校德育实践中，思想政治教育者一方面通过德育课程对受教育者施加影响，另一方面他们更注重运用各种校园活动载体和隐性课程载体，如每周的升旗仪式、假日庆典、文艺演出、教师的榜样示范、各类通识课程等来进行正确的舆论引导，从而提升受教育者的社会认同感。

长期以来，我国的思想政治教育比较注重显性载体的运用，思想政治理论课的设置从教学大纲到课时一般都由教育机构统一规定，并有着严格的规范及标准，学校和教师一般无权变更。由此可见，显性思想政治教育载体无论是从观念上还是在政策上都获得了认可和保障。而对于隐性思想政治教育载体的运用，则还处于比较随意的状态，它的运用程度及效果完全取决于教育者的认知。实际上，隐性思想政治教育载体在育人实践中灵活多样、渗透性强，可以"润物细无声"地获得受教育者对我国主流社会意识形态的认同。可见，在今后的思想政治教育实践中，为了使思想政治教育载体育人效果实现最优化，隐性思想政治教育载体的运用应该获得全体思想政治教育工作者乃至全社会的认同和重视。

二 注重社会化思想政治教育载体的运用

长期以来，我国学校思想政治教育载体特别是课程载体的运用比较成熟，而社会化思想政治教育载体，譬如大众传媒载体、活动载体的运用则相对薄弱。因此，在今后的思想政治教育实践中，我们应更加重视社会化思想政治教育载体的运用。具体可从以下几个方面着手。

一是要更加注重大众传媒在思想政治教育领域的运用。20世纪中期以来，以广播、电视、报刊、网络为代表的大众传媒迅速发展并日益普及。大众传媒具有覆盖面广、信息传播速度快等特点，它们在思想政治教育中应发挥重要的作用。西方国家非常重视大众传媒在思想政治教育中的作用，它们在新闻选题、版面设计、内容选择甚至是报道上大做文章，巧妙地进行资产阶级民主政治和价值观的宣传与引导。改革开放后，我国大众传媒获得了飞速的发展，特别是网络传媒日益深入寻常人的生活。在这种情况下，我们应认真借鉴西方国家的这些做法，提高我们运用大众传媒载体开展思想政治教育工作的能力，以增强思想政治教育的效果。

二是要注重通过各种政治活动进行意识形态教育。西方国家非常重视政党竞争和总统竞选活动，这些政治活动是进行资产阶级的道德观念和政治价值观念的绝好机会。西方国家的这些经验启示我们在深入进行社会主义经济、政治体制改革的同时，要充分重视运用召开人民代表大会、政治协商会议等政治活动，对民众做好中国特色社会主义制度优越性的宣传普及。

三是在特定的地区可以借鉴西方国家运用宗教（活动）来辅助思

想政治教育。在西方国家，参加宗教活动是人们日常生活的重要内容。宗教（活动）对人们的精神生活具有重要的影响，能够对国民施加道德和政治影响，能够调解阶级矛盾、维护社会稳定，能够培养公民的民族精神及政治信仰，能够解决公民日常的思想困惑。可见，利用宗教活动渗透思想政治教育内容，是西方国家思想政治教育的特色。这一做法在我国的特定地区可进行借鉴。

三 注意蕴藏载体运用过程中的政治性

古今中外，统治阶级都重视巧妙地利用各种思想政治教育载体来为自身的统治提供一种合法性支持。可见，思想政治教育载体从功能上讲具有较强的政治服务性，但在具体的运用上可以隐藏其政治性，西方国家思想政治教育载体的运用就是如此。譬如，美国非常重视利用网络开展思想政治教育，但其运用不是在网络平台上直接宣扬其政治、法律制度等意识形态的合理性，更不是将教育者的政治观、价值观及资本主义制度的优越性等赤裸裸地灌输给网民，而是巧妙地在内容设置上做到"政治色彩"的含蓄有度。正是这种巧妙的设置，造就了美国网络思想政治教育工作的开展给人以政治性淡化甚至去政治化的错觉。

可见，国外思想政治教育载体运用过程中的隐蔽政治性的这一经验，是值得我们借鉴的。随着我国经济、政治、文化体制改革的进一步深化，我国公民将会进一步地受到多元文化思想和各种非社会主义意识形态的影响。在这种背景和态势下，我国思想政治教育工作的开展在终极目标上要凸显政治性，但在载体（路径）选择上则要隐藏其政治性。当然，笔者这里所说的隐藏并不是说弱化政治性，而是要用一种婉约的方式把政治性体现出来。唯有如此，才能真正吸引受教育者参与到思想政治教育载体运用实践中来，才能真正实现思想政治教育的育人作用和维稳功能。

四 更新思想政治教育载体的承载内容

思想政治教育载体的运用是形式与内容的统一，思想政治教育载体育人作用的发挥既要靠形式的新颖，更要靠内容的优化与拓展。国外较为注重思想政治教育载体承载内容的优化创新。在美国，网络思想政治教育载体的承载内容就具有较强的拓展性。美国网络思想政治教育的内容不仅看重传统的教育内容，即公民教育、历史教育、品德教育等，而且相当重视时代性内容，即国内国际政策法规、经济政治文化发展趋势、时事评论、心理咨询、军事、科技等。表面上看，美国思想政治教育载体的承载内容非常庞杂，但实际上它步入了一种"形散而神不散"的境界。正是这种内容上的形散而神不散，造成美国思想政治教育价值观中立的假象，从而吸引了众多的访问者。

我国的思想政治教育内容是由"五育"为核心搭建起来的一个科学的体系。既然是一个体系，自然就具有相对的稳定性，就不容易融入一些新的切合受教育者实际的内容，再加上我国思想政治教育工作者政治化思维的影响，就出现了不管采取何种载体承载的具体内容都一样的尴尬。就如同我们所谈到的，部分思想政治教育工作者（机构）发送的红色短信内容却跟思想政治理论教科书的内容无差，结果只能给受教育者一种"新瓶装旧药"的认知。因此，在新的时代背景下，我国思想政治教育载体的内容体系必须具有拓展性，要把能够反映时代需要、能够解读时代问题、能够帮助受教育者更好地适应社会等方面的具体内容囊括进来。只有在内容上取得突破，才能实现形式（载体）的价值。

五 重视载体运用中学校家庭社会的协同

美国思想政治教育载体的运用协同性是比较高的，很好地处理了家庭、社区、学校和社会各自应扮演的角色及内在的统一关系。譬如我们前面谈到的，美国弗吉尼亚州法律规定，学生家长若未能协助学校管教自己的孩子，将会触犯法律而被移送法庭，并会被处以高额罚金。另外，1989年美国"课程发展与管理协会"提出的加强学校道德教育的报告指出：将父母、大众传媒、商界、市民和宗教团体联结起来开展教育。由此可见，美国非常注重载体运用的协同性，这条经验是值得我们借鉴的。

长期以来，我国部分家长有个根深蒂固的观念，即教育是学校和老师的事情，这一方面反映出人们对学校教育功能的重视，但另一方面也凸显出我国社会教育和家庭教育功能的弱化。思想政治教育载体育人功能的发挥同样需要家庭、社会和学校的协同。而我们在这方面做得还是不够的。在现实生活中，我们经常会看到这种现象：孩子在学校接受教育时尊重老师、友善同学，但回家以后却又成了"玉皇大帝"。这种现象的生成，实际上很大程度是由于家长对孩子的骄纵造成的。所以，思想政治教育载体的运用要实现效益的最大化，必须把载体的运用置身于学校、社区、家庭和社会的协同格局中。

结束语

思想政治教育载体是沟通思想政治教育者和受教育者的桥梁。思想政治教育载体的有效运用，对于落实思想政治教育目标，实现人的政治社会化具有重要作用。因此，古今中外的思想政治教育者无不重视载体的运用。当前，如何更好地运用思想政治教育载体，实现思想政治教育价值的最大化，仍是一个需要不断深化的课题。运用思想政治教育载体开展思想政治教育工作，既要借鉴、吸收国外关于该领域的一般经验，又要坚持正确的政治方向，运用科学的工作方法，辩证地处理思想政治教育载体的工具意义和价值意义的关系。这样，才能使思想政治教育载体的运用落在实处。

一是坚持内容与形式的统一。以网络和手机媒体载体为代表的新媒体方兴未艾，这是人类技术进步和社会进步的大势所趋。新媒体被用于思想政治教育（或称之为德育、公民教育等）也有政治学、教育学、传播学的一般规律可循。但这只是问题的一个方面，而问题的另一个方面是，我们在关注载体形式的同时绝对不能忽视载体承载内容的差异。我们关注载体的发展，研究载体的运用，实际上是凸显了载体在宣传中国特色社会主义理论中的重要作用、在用科学理论武装群众中的重要作用、在社会主义核心价值体系的传播及普及中的重要作用。

二是坚持广大人民群众的主体地位。现代思想政治教育学认为,思想政治教育者和受教育者同为思想政治教育的主体。在思想政治教育载体的运用过程中,我们必须牢固树立受教育者的主体地位,尊重受教育者对载体及其承载内容的自主选择权,因为思想政治教育载体及其承载的内容最终都要指向受教育者,并且需要通过受教育者思想政治道德素质的不断提高来彰显载体的运用成效。

三是坚持统筹兼顾的方法。思想政治教育载体是思想政治教育学的一个基本范畴,是思想政治教育中介之一。思想政治教育载体的有效运用,离不开其他思想政治教育要素的配合与协同。因此,在思想政治教育载体的运用过程中,我们要从思想政治教育载体与思想政治教育系统内其他要素的联系中去寻求破题之策。唯有坚持统筹兼顾的方法,才能为落实思想政治教育载体的运用成效开辟道路。

四是坚持实践基础的改革创新。《国家中长期教育改革和发展规划纲要(2010-2020年)》在"战略主题"中明确提出"德育为先",指出要"构建大中小学有效衔接的德育体系,创新德育形式,丰富德育内容,不断提高德育工作的吸引力和感染力,增强德育工作的针对性和实效性"。① 有关思想政治教育载体有效运用的研究,同样需要在日益丰富的思想政治教育实践中寻求突破。

面对不断发展变化的主客观条件,要实现思想政治教育信息的完整交流,取得最佳的思想政治教育效果,必须重视日益多样化的思想政治教育载体。要研究新媒体时代思想政治教育信息的传播规律,选择恰当的思想政治教育载体,采取有效的方略开展思想政治教育工作。尤其要变革传统的思想政治教育内容和信息传播理念,运用新兴思想政治教育载体,以增强思想政治教育信息传播的针对性和有效性。

---

① 《国家中长期教育改革和发展规划纲要(2010-2020年)》,《人民日报》2010年7月30日。

参考文献

一 经典著作

中共中央马克思恩格斯列宁斯大林著作编译局:《马克思恩格斯全集》第6卷,第16卷,第25卷,第34卷,第39卷,第47卷,人民出版社,1991。

中共中央马克思恩格斯列宁斯大林著作编译局:《马克思恩格斯选集》第1-4卷,人民出版社,1995。

中共中央马克思恩格斯列宁斯大林著作编译局:《德意志意识形态》(单行本),人民出版社,1982。

中共中央马克思恩格斯列宁斯大林著作编译局:《列宁全集》第5卷,第42卷,人民出版社,1986。

中共中央马克思恩格斯列宁斯大林著作编译局:《列宁选集》第1-4卷,人民出版社,1995。

中共中央马克思恩格斯列宁斯大林著作编译局:《斯大林选集》上、下卷,人民出版社,1979。

毛泽东:《毛泽东选集》第1-3卷,人民出版社,1991。

毛泽东:《毛泽东文集》第7卷,人民出版社,1999。

陈云:《陈云文稿选编》(1949-1956),人民出版社,1982。

邓小平:《邓小平文选》第1-3卷,人民出版社,1993。

江泽民:《江泽民文选》第1-3卷,人民出版社,2006。

江泽民:《江泽民论社会主义精神文明建设》,中央文献出版社,1999。

江泽民:《论有中国特色社会主义》,中央文献出版社,2002。

江泽民:《论三个代表》,中央文献出版社,2002。

二 报纸、文献资料汇编

《爱国主义教育实施纲要》,《人民日报》,1994年9月6日。

《中共中央国务院关于进一步加强和改进大学生思想政治教育的意见》,《人民日报》,2004年10月15日。

胡锦涛:《始终坚持先进文化的前进方向,大力发展文化事业和文化产业》,《人民日报》,2003年8月13日。

胡锦涛:《在中央政治局第七次集体学习时的讲话》,《人民日报》,2003年8月3日。

胡锦涛:《邓小平同志诞辰100周年纪念大会上的讲话》,《光明日报》,2004年8月23日。

《黔江:打造渝东南民族文化中心》,《重庆日报》,2009年10月21日。

《手机用户数量庞大,"第五媒体"崛起》,《解放日报》,2010年2月19日。

马瑞萍:《营造良好的干事创业社会环境》,《学习时报》,2004年3月25日。

傅华:《软实力构建过程中的文化传播》,《光明日报》,2008年8月8日。

《中共中央关于加强和改进思想政治工作的若干意见》,《人民日报》，1999年11月9日。

《十三大以来重要文献选编》（上、下），人民出版社，1993。

《中共中央关于加强社会主义精神文明建设若干重要问题的决议》，1996年10月。

中国人民解放军政治学院党史教研室：《中共党史参考资料》第11册，中国人民解放军政治学院，1979。

全国普通高校"两课"教育教学调研工作领导小组编，《普通高校思想政治教育课程文献选编》（1949-2003），中国人民大学出版社，2003。

《第35次中国互联网络发展状况调查统计报告》，2015年2月3日。

三　个人著述

班华：《现代德育论》，安徽人民出版社，2001。

仓道来：《思想政治教育学》，北京大学出版社，2004。

陈秉公：《21世纪思想政治教育工作创新理论体系》，吉林教育出版社，2000。

陈秉公：《思想政治教育学原理》，辽宁人民出版社，2001。

陈华洲：《思想政治教育资源论》，中国社会科学出版社，2007。

陈立思：《当代世界的思想政治教育》，中国人民大学出版社，1994。

陈万柏：《思想政治教育载体论》，湖北人民出版社，2003。

陈义平：《思想政治教育学原理》，安徽大学出版社，2008。

程昌明译注，《论语》，山西古籍出版社，1999。

崔暴国：《信息社会的理论与模式》，高等教育出版社，1999。

戴元光，金冠军：《传播学通论》，上海交通大学出版社，2000。

高峰：《美国政治社会化研究》，首都师范大学出版社，2004。

古人伏：《德育实效性研究与实践》，中国建材工业出版社，1999。

郭庆光：《传播学教程》，中国人民大学出版社，1999。

何继善，陈晓红等：《管理科学：历史沿革、现状与发展趋势》，湖南人民出版社，2003。

贺才乐：《思想政治教育载体研究》，湖北人民出版社，2004。

胡凯：《大学生心理健康新论》，中南大学出版社，2003。

黄欣荣：《复杂性科学与哲学》，中央编译出版社，2006。

教育部社会科学研究与思想政治工作司：《思想政治教育学原理》，高等教育出版社，2004。

李浪：《咨询心理学》，吉林文史出版社，2006。

李平沤：《主权在民 VS "朕即国家"》，山东人民出版社，2001。

李清华，程路，柳斌杰：《中国思想政治工作全书》，中国人民大学出版社，1990。

鲁洁：《德育社会学》，福建教育出版社，2002。

罗洪铁，周琪，张家建：《思想政治教育学原理》，西南师范大学出版社，2009。

骆郁廷：《精神动力论》，武汉大学出版社，2003。

毛礼锐：《中国教育史简编》，教育科学出版社，1984。

钱学森：《论系统工程》，湖南人民出版社，1982。

邱伟光，张耀灿：《思想政治教育学原理》，高等教育出版社，1999。

邵献平：《思想政治教育中介论》，中国社会科学出版社，2007。

沈国权：《思想政治教育环境论》，复旦大学出版社，2002。

沈壮海：《思想政治教育有效性研究》，武汉大学出版社，2001。

苏振芳：《当代国外思想政治教育比较》，社会科学文献出版社，2008。

《辞海》（缩印本），上海辞书出版社，1980。

王玄武，骆郁廷：《思想教育政治教育道德教育比较研究》，武汉大学出版社，2002。

吴鼎福，诸文蔚：《教育生态学》，江苏教育出版社，1990。

《现代汉语词典》，商务印书馆，1996。

谢海光：《互联网与思想政治工作概论》，复旦大学出版社，2000。

徐世平：《网络新闻实用技巧》，文汇出版社，2002。

徐耀魁：《大众传播新论》，苏州大学出版社，2005。

叶泽雄：《社会理想论》，武汉大学出版社，1998。

张焕庭：《西方资产阶级教育论著选》，人民教育出版社，1979。

张澍军：《高校学生思想政治教育载体研究》，北京出版社，1999。

张天宝：《主体性教育》，教育科学出版社，2001。

张蔚萍：《思想政治工作史》，中国方正出版社，2001。

张耀灿：《现代思想政治教育学》，人民出版社，2001。

张耀灿，陈万柏：《思想政治教育学原理》，高等教育出版社，2001。

张耀灿，郑永廷：《现代思想政治教育学》，人民出版社，2006。

郑永廷：《现代思想道德教育理论与方法》，广东高等教育出版社，2000。

朱小蔓主编，《道德教育论丛》，人民出版社，2002。

中共中央宣传部编，《毛泽东邓小平江泽民论思想政治工作》，学习出版社，2000。

中共中央直属社会科学院心理学和教育学教研组：《党的工作中的社会心理学和教育学》，广西人民出版社，1986。

《中国大百科全书·心理学》，中国大百科全书出版社，1985。

〔德〕斐迪南·滕尼斯：《共同体与社会》，商务印书馆，1999。

〔德〕弗兰克：《白银资本：重视经济全球化中的东方》，中央编译出版社，2000。

〔德〕叔本华：《人生的智慧》，工人出版社，1988。

〔加〕马歇尔·麦克卢汉：《理解媒介——论人的延伸》，何道宽译，商务印书馆，2000。

〔苏联〕马卡连柯：《父母必读》，人民教育出版社，1979。

〔英〕尼葛洛庞帝：《数字化生存》，胡泳、范海燕译，海南出版社，1997。

〔英〕罗素：《走向幸福》，王雨译，上海人民出版社，1988。

〔美〕贝塔兰菲：《一般系统论》，秋同译，社会科学文献出版社，1987。

〔美〕梅尔文·德夫勒：《大众传播学诸论》，杜力平译，新华出版社，1990。

〔荷兰〕舒尔曼：《科技文明与人类未来》，东方出版社，1995。

〔苏联〕霍姆林斯基：《怎样培养真正的人》，蔡汀译，教育科学出版社，1992。

〔苏联〕霍姆林斯基：《教育的艺术》，肖勇译，湖南教育出版社，1983。

Coleman, J. S. *Foundations of Social Theory* (Cambridge: Harvard University Press, 1990.)

Giddens, A. *Contenporaty Critique of Historical Materialism* (Berkeley: Uni. of California Press, 1981.)

Janet Edwards and Fogelman, *Developing Citizenship in the Curriculum* (London: David Fulton Publisher, 1993.)

LIAS J, *Moral Education: Secular Religion* (Florida: Robert E. Krieger Publishing Company, 1989.)

CHRIS B, *Culture Studies: Theory and Practice* (London: Sage Publication, 2000.)

HUGH F and ROBERT A, *Program Evaluation in Moral Education* (Educational Testing Service, 1983.)

OBERT D, *Moral Education for Americans* (London: Praeger, 1995.)

LEE W, *Social Change and Educational Problems in Japan, Singapore and Hong Kong* (London: Macmillan, 1991.)

DAVID C, *Ideological and Educational Reform* (Boulder: West view Press, 1995.)

四 期刊

陈万柏:《论思想政治教育载体的内涵和特征》,《江汉论坛》, 2003 年第 7 期。

陈万柏:《论思想政治教育文化载体的特征和功能》,《求索》, 2005 年第 5 期。

陈正良:《同辈群体环境对青少年发展的影响》,《宁波大学学报》(教育科学版), 2004 年第 5 期。

董建华:《漫谈教育者的文明与文明教育》,《辽宁教育研究》, 2003 年第 1 期。

董昕:《浅析手机报的媒介特性及发展策略》,《编辑之友》, 2010 年第 2 期。

邰火星:《思想政治教育载体内涵探析》,《郑州大学学报》(哲学社会科学版), 2006 年第 2 期。

贺才乐:《思想政治教育载体的形态及其特点》,《理论与改革》, 2003 年第 6 期。

贺才乐:《论思想政治教育载体的属性》,《学校党建与思想政治教育》, 2004 年第 2 期。

胡振民:《积极发展红色旅游深入开展爱国主义和革命传统教育》,《思想政治工作研究》, 2005 年第 4 期。

黄宏传:《整合概念及其哲学意蕴》,《学术月刊》, 1995 年第 9 期。

江玉安:《高校思想政治教育载体选择运用受制因素分析》,《湖北经济学院学报》, 2007 年第 3 期。

江泽民:《适应形势, 大力加强和改进思想政治教育工作为改革开放和现代化事业提供动力与保证》,《中国大学生报》, 2000 年 6 月

29日。

金鑫，张耀灿：《关于大学生思想道德及教育状况的调查与分析》，《学校党建与思想教育》，2009年第2期。

库来惜·阿不都立：《走进网络时代的青年大学生思想政治工作》，《新疆广播电视大学学报》，2002年第3期。

李宁：《互联网在校园文化建设中的作用》，《商业文化》（学术版），2008年第5期。

李长春：《全面准确理解社会主义核心价值体系的深刻内涵，牢牢把握和谐文化建设的正确方向》，《党建》，2007年第1期。

刘素芬：《国外学校心理咨询载体运用的启示》，《思想政治教育研究》，2009年第3期。

刘铁芳：《生命情感与教育关怀》，《高等师范教育研究》，2000年第11期。

刘元：《浅论新时期思想政治教育的载体》，《广西青年干部学院学报》，2004年第1期。

刘英：《手机短信的传播学分析》，《网络传播》，2007年第2期。

孟庆波：《基于网络的高校思想政治教育探析》，《吉林省教育学院学报》（学科版），2008年第3期。

缪志红：《论思想政治教育中的"交互主体论"》，《学海》，2002年第1期。

欧清华：《社会学视界下的德育中观环境》，《江汉大学学报》（社会科学版），2009年第2期。

潘懋元：《走向21世纪高等教育思想的转变》，《高等教育研究》，1999年第1期。

石书臣，靖守庚：《多元文化背景下大学生主流思想状况的调查与思考》，《学校党建与思想教育》，2008年第3期。

孙俊三：《论教育目的的受教育者主体性》，《鄂西学学报》（社会科学版），1988 年第 1 期。

覃明兴：《大资源：现代社会发展的支撑系统》，《社会科学》，1999 年第 5 期。

王萍霞：《交往：架起德育回归生活世界的桥梁》，《高教发展与评估》，2005 年第 2 期。

王绍明，黄正成：《边区山区农民急盼文化扶贫》，《中国民族》，1999 年第 3 期。

王升臻：《关于思想政治教育载体的几个问题》，《理论与改革》，2004 年第 5 期。

王升臻：《思想政治教育载体内涵、功能与形态刍议》，《广西青年干部学院学报》，2007 年第 5 期。

王晓东：《哲学视域中的主体间性问题论析》，《天津社会科学》，2001 年第 5 期。

温传富：《加强和改进大学生思想政治教育的途径和方法》，《工会论坛》，2005 年第 4 期。

吴镭：《互动传播的功能、效果刍议》，《金陵科技学院学报》（社会科学版），2006 年第 4 期。

郗波，杨利锋，姚洁：《当代大学生荣辱观调查》，《教育探索》，2009 年第 2 期。

熊建生：《思想政治教育内容的内在属性和本质要求》，《江汉论坛》，2009 年第 8 期。

杨广慧：《探索新路子，寻找新载体》，《思想政治工作研究》，1992 年第 10 期。

杨立英：《在继承、借鉴中探索思想政治教育的创新之路》，《思想理论教育导刊》，2000 年第 7 期。

杨书初：《试论思想政治教育者的信息素质》，《军队政工理论研究》，2003 年第 12 期。

杨威：《思想政治教育载体运用的三个维度》，《学校党建与思想教育》，2009年第3期。

尤建国：《多元文化背景下高职思想政治教育改革的现状与对策》，《教育探索》，2007年第11期。

袁信：《也论思想政治教育载体》，《湖湘论坛》，2002年第3期。

张胜芳：《论思想预测在思想政治教育中的运用》，《理论与改革》，2003年第5期。

张世贵：《思想政治教育中介的时代价值浅论》，《探索》，2003年第3期。

张耀灿：《重视教育途径和方法的创新》，《学校党建与思想教育》，2000年第6期。

张耀灿，马奇柯：《论思想政治教育的整合机制》，《学校党建与思想教育》，2005年第4期。

张英惠：《手机短信传播中的控制缺失与对策》，《新媒体》，2008年第1期。

赵凤华：《试论企业文化的功能及其实现机制》，《商场现代化》，2007年第15期。

周梅：《网络对大学生思想政治教育的影响及对策》，《洛阳师范学院学报》，2004年第4期。

五 学位论文

曹秀梅：《思想政治教育者的主体性研究》，硕士学位论文，山东师范大学，2010。

龚晋娟：《大众传媒对"90后"大学生思想政治教育的影响及对策研究》，硕士学位论文，辽宁师范大学，2011。

靳珠：《大众传播与思想政治教育载体研究》，硕士学位论文，西安电子科技大学，2006。

石瑛:《思想政治教育过程机制研究》,硕士学位论文,吉林大学行政学院,2008。

郑文斌:《论思想政治教育网络载体的构建、管理与操作》,硕士学位论文,华中师范大学,2001。

后 记

本书是在我的博士学位论文基础上修改、完善而成的。

我师从西安交通大学卢黎歌教授攻读博士学位。在卢老师的引领之下，我开始迈入思想政治教育理论和实践问题研究的海洋。在这期间，我发现思想政治教育载体运用理论和实践问题的系统研究尚属薄弱，便下定决心在这一领域有所突破。在我博士学位论文的写作和本书的修改完善过程中，卢老师都给予了我非常宝贵的建议。在此，首先对我的受业恩师表示感谢。

如果不充分利用各种学术资源，恐怕也难以推进思想政治教育载体运用问题的研究。因此，要特别感谢西安交通大学人文学院李景平教授、陆根书教授、王宏波教授、李玉华教授，他们同样为我的写作工作提出了宝贵的建议。同时还要感谢陕西师范大学袁祖社教授、西北大学陈国庆教授、西安建筑科技大学廉永杰教授、西北工业大学秦燕教授，他们在百忙之中审阅了我的论文并提出了宝贵的修改建议。

此外，特别感谢西安邮电大学人文社科学院院长张学广教授、副院长王艾青教授和马智教授及众多同人，他们为本书的出版提供了大力的支持，还为我的创作打造了良好的环境。特别感谢西安邮电大学科技处、财务处等相关部门对本书出版的大力支持。

最后感谢我的家人，没有他们的包容和支持，我不可能顺利完成学业，更不可能顺利完成本书的修改完善工作。我只有更加刻苦努力，争取以更大的成绩来回报这份恩情。

囿于自身学术水平所限，本书尚有进一步修改完善的空间，真诚地期待各位读者的批评指正。

张园园

2015 年 7 月于西安邮电大学

图书在版编目(CIP)数据

思想政治教育载体有效运用的困境及其消解/张园园著.—北京：社会科学文献出版社,2015.10
 ISBN 978-7-5097-8172-2

Ⅰ.①思… Ⅱ.①张… Ⅲ.①思想政治教育-研究-中国 Ⅳ.①D64

中国版本图书馆 CIP 数据核字（2015）第 252605 号

思想政治教育载体有效运用的困境及其消解

著　　者 / 张园园

出 版 人 / 谢寿光
项目统筹 / 张倩郢
责任编辑 / 张倩郢

出　　版 / 社会科学文献出版社·人文分社（010）59367215
　　　　　 地址：北京市北三环中路甲29号院华龙大厦　邮编：100029
　　　　　 网址：www.ssap.com.cn
发　　行 / 市场营销中心（010）59367081　59367090
　　　　　 读者服务中心（010）59367028
印　　装 / 三河市东方印刷有限公司
规　　格 / 开本：787mm×1092mm　1/16
　　　　　 印张：15　字数：206千字
版　　次 / 2015年10月第1版　2015年10月第1次印刷
书　　号 / ISBN 978-7-5097-8172-2
定　　价 / 69.00元

本书如有破损、缺页、装订错误，请与本社读者服务中心联系更换

版权所有 翻印必究